Claudia Stein

Museumsführer
Berlin & Potsdam

*Bibliografische Information der Deutschen Nationalbibliothek:
Die Deutsche Nationalbibliothek verzeichnet diese Publikation in der Deutschen Nationalbibliografie; detaillierte bibliografische Daten sind im Internet über http://dnb.dnb.de abrufbar.*

© 2018 (Text, Fotos, Karten) Claudia Stein

Herstellung und Verlag: BoD – Books on Demand, Norderstedt

Haftungsausschluss:
Die vorliegenden Informationen wurden nach bestem Wissen und Gewissen erstellt. Für Richtigkeit und Aktualität kann keine Haftung übernommen werden. Das Gleiche gilt für die im Buch erwähnten Websites; für sie kann keine Gewähr oder Haftung übernommen werden, auch nicht in der Zukunft, sowohl inhaltlich als auch juristisch. Zum Zeitpunkt der Veröffentlichung lagen keine Rechtsverstöße vor.

ISBN: 9783741289231
Auflage: 2 (November 2018)

Inhaltsverzeichnis

Vorwort 7

1	Gut zu wissen!	8
1.1	Öffentliche Verkehrsmittel	8
1.2	Welcome-Card & Museums-Pass	8
1.3	Berliner Museen mit freiem Eintritt	8
1.4	Potsdamer Museen mit freiem Eintritt	13
2	Berliner Museen nach Bezirk	14
	Adlershof	14
	Charlottenburg	16
	Dahlem	28
	Friedenau	33
	Friedrichshagen	36
	Friedrichshain	38
	Gatow	40
	Grünau	42
	Grunewald	44
	Hellersdorf	46
	Hohenschönhausen	48
	Karlshorst	51
	Köpenick	53
	Kreuzberg	56
	Lichtenberg	66
	Mahlsdorf	69
	Marienfelde	71
	Marzahn	73
	Mitte	75
	Moabit	106
	Neukölln	108
	Niederschöneweide	111
	Oberschöneweide	113
	Pankow	115
	Prenzlauer Berg	117

	Reinickendorf	121
	Schöneberg	125
	Spandau	130
	Steglitz	133
	Tegel	137
	Tempelhof	139
	Tiergarten	141
	Treptow	152
	Wannsee	155
	Wedding	158
	Westend	163
	Zehlendorf	166
	Hinter der Stadtgrenze	169
3	Potsdamer Museen	172
	Stichwortverzeichnis	185

Vorwort

Die Nähe zu Berlin ist eine Bereicherung für Potsdam-Touristen und umgekehrt. Wer in Berlin ins Museum gehen möchte, der hat die Qual der Wahl. Die Hauptstadt hat immerhin weitaus mehr Museen als Regentage und die lebhafte Kunstszene mit ihren zahlreichen Galerien ist nicht einmal mit eingerechnet. Genau das ist einer der vielen Punkte, warum kulturell betrachtet, Berlin kaum zu übertreffen ist.

Dieser Museumsführer spiegelt die aktuelle Museumslandschaft der beiden Städte wieder. Er erhebt keinen Anspruch auf Vollständigkeit, auch wenn das angestrebt wurde. Die Museen sind für Berlin nach Stadtteilen sortiert, für Potsdam in alphabetischer Reihenfolge aufgeführt.

Claudia Stein

Berlin, November 2018

http://www.stein-books.com

1 Gut zu wissen!

1.1 Öffentliche Verkehrsmittel

Auf der Website der Berliner Verkehrsbetriebe können Sie sich den Weg zu Ihrem Ziel detailliert anzeigen lassen: http://www.bvg.de. Auf dieser Seite finden Sie auch einen Stadtplan mit eingezeichneten Verkehrsmitteln. Die Informationen zu den Potsdamer Verkehrsmitteln finden Sie hier: http://www.swp-potsdam.de. Sollten Sie sich für ein kombiniertes Ticket für die Fahrten zwischen Berlin und Potsdam interessieren, dann ist die Website des Verkehrsverbunds Berlin-Brandenburg sehr übersichtlich: http://www.vbb.de.

1.2 Welcome-Card & Museums-Pass

Mit der Welcome-Card bekommen Sie für eine begrenzte Anzahl von Tagen einen Dauerfahrschein für die öffentlichen Verkehrsmittel und ein Rabattheft für den Eintritt in Museen, aber auch Geschäfte, Restaurants, etc. Der Museumspass bietet Ihnen an aufeinander folgenden Tagen Museen und Sammlungen zum Festpreis. Es stehen verschiedene Varianten zur Auswahl, Informationen finden Sie hier: http://shop.visitberlin.de/

1.3 Berliner Museen mit freiem Eintritt

In allen Museen, die zu den „Staatlichen Museen Berlins" (SMB) gehören sind Kinder und Jugendliche bis einschließlich 18 Jahren vom Eintritt befreit. Das gilt auch für Empfänger von Transferleistungen. http://smb.museum. Die folgenden Museen sind für alle Altersgruppen frei:

Charlottenburg
- Abgusssammlung antiker Plastik (S. 16)
- Architekturmuseum Technische Universität Berlin (S. 16)
- Bauhaus, temporäre Installation, (S. 17)
- Bröhan-Museum (1. Mittwoch im Monat, (S. 17)
- Gedenkstätte Plötzensee (S. 20)
- Kaiser-Wilhlem-Gedächtnis Kirche (S. 21)
- Museum Charlottenburg-Wilmersdorf/ Villa Oppenheim (S. 24)

Dahlem
- Alliierten-Museum (S. 28)

Gatow
- Luftwaffenmuseum der Bundeswehr (S. 40)

Grünau
- Grünauer Wassersportmuseum (S. 42)

Grunewald
- Gedenkstätte für den Abtransport von Juden (S. 44)

Hellersdorf
- DDR-Wohnung (S. 46)

Hohenschönhausen
- Mies-van-der-Rohe Haus (S. 49)

Karlshorst
- Deutsch-Russisches Museum Berlin-Karlshorst (S. 51)

Köpenick
- Gedenkstätte Köpenicker Blutwoche Juni 1933 (S. 53)
- Hauptmann von Köpenick Ausstellung (S. 53)
- Museum Köpenick (S. 54)

Kreuzberg
- FHXB Friedrichshain-Kreuzberg Museum (S. 57)
- Künstlerhaus Bethanien (S. 59)
- Kunstraum Kreuzberg/ Bethanien (S. 60)
- nGbK – Gesellschaft für bildende Kunst (S. 62)
- Topographie des Terrors (S. 63)
- Zweirad-Museum (S. 64)

Lichtenberg
- Museum Lichtenberg (S. 66)

Marienfelde
- Erinnerungsstätte Notaufnahmelager Marienfelde (S. 71)

Marzahn
- Bezirksmuseum Marzahn-Hellersdorf (S. 73)

Mitte
- Berliner Rathaus (S. 78)
- Blindenwerkstatt Otto Weidt (S. 78)
- Denkmal für die ermordeten Juden Europas (S. 82)
- Deutscher Dom (S. 83)
- Deutsches Historisches Museum (am 3. Oktober, S. 84)
- Ephraim-Palais (1. Mittwoch im Monat, S. 85)
- Forum Willy Brandt (S. 85)
- Gedenkstätte Stille Helden (S. 86)
- Knoblauchhaus (S. 89)
- Mendelssohn Remise (S. 91)
- Ottobock Science Center (S. 97)
- Palais Populaire (S. 97)
- Sammlung des Winckelmann-Instituts (S. 100)
- Tieranatomisches Theater (S. 102)
- Tränenpalast - Haus der Geschichte (S. 103)

Moabit
- Classic Remise Oldtimer-Automobilzentrum (S. 106)

Neukölln
- Museum Neukölln (S. 108)

Niederschöneweide
- Dokumentationszentrum NS-Zwangsarbeit (S. 111)

Pankow
- Pankow Museum (S. 115)

Prenzlauer Berg
- Pankow Museum Standort Prenzlauer Berg (S. 118)
- Museum in der Kulturbrauerei – Haus der Geschichte (S. 117)

Reinickendorf
- Heimatmuseum Reinickendorf (S. 121)

Schöneberg
- Gedenkort SA-Gefängnis Papestraße (S. 125)
- Haus am Kleistpark (S. 125)
- Jugendmuseum Schöneberg (S. 126)
- Museum der unerhörten Dinge (S. 126)
- Schöneberg Museum (S. 127)
- Schwerbelastungskörper (S. 127)

Spandau
- Gotisches Haus (S. 131)

Steglitz
- Deutsches Blindenmuseum (S. 133)
- Heimatverein Steglitz (S. 134)
- Schwartzsche Villa (S. 135)

Tempelhof
- Tempelhof Museum (S. 139)

Tiergarten
- Deutsche Kinemathek (donnerstags 16.00-20.00, S. 142)
- Gaslaternen-Freilichtmuseum Berlin (S. 143)
- Gedenkstätte Deutscher Widerstand (S. 143)
- Haus am Lützowplatz (S. 144)
- Reichstagskuppel (S. 148)
- Sammlung Daimler (S. 149)
- St. Matthäus Kirche (S. 150)

Treptow
- Heimatuseum Treptow (S. 152)

Wannsee
- Gedenkstätte Haus der Wannsee-Konferenz (S. 155)

Wedding
- Anti-Kriegs-Museum (S. 158)
- Dokumentationszentrum Berliner Mauer (S. 159)
- Mittemuseum (S. 161)

Westend
- Sportmuseum Berlin (S. 164)

Zehlendorf
- Heimatmuseum Zehlendorf (S. 166)

1.4 Potsdamer Museen mit freiem Eintritt
- Gedenkstätte Leistikowstraße (S. 175)
- Kunstverein „KunstHaus Potsdam e.V." (S. 177)
- Museumshaus „Im Güldenen Arm" (S. 178)
- Nowaweser Weberstube (S. 179)

2 Berliner Museen nach Bezirk

Adlershof

1.) Anna-Seghers-Gedenkstätte
Anna-Seghers-Straße 81, 12489 Berlin-Adlershof
Tel.: 030/ 677 47 25
Öffnungszeiten: Di. + Do. 10.00-16.00 Uhr. Besuch nur mit Führung möglich.
http://www.anna-seghers.de

Das bewegte Leben der deutschen Schriftstellerin Anna Seghers (bürgerlich Netty Radványi) wird in ihren original erhaltenen Wohn- und Arbeitsräumen nachgezeichnet. Sie stammte aus Mainz, ihre Eltern waren Juden und so war Anna Seghers schon früh in das Fadenkreuz der Nazis geraten. In Deutschland wurden ihre Bücher verbrannt und sie floh nach Paris, später wanderte die Familie nach Mexiko aus, kam aber schon 1947 nach Berlin zurück. Diese Ereignisse haben ihre Werke sehr geprägt, wie auch ihre Parteiverbundenheit. In der Wohnung sind neben persönlichen Dingen, Fotos und Dokumenten auch die seltenen Erstausgaben ihrer Werke ausgestellt sowie Tonaufnahmen.

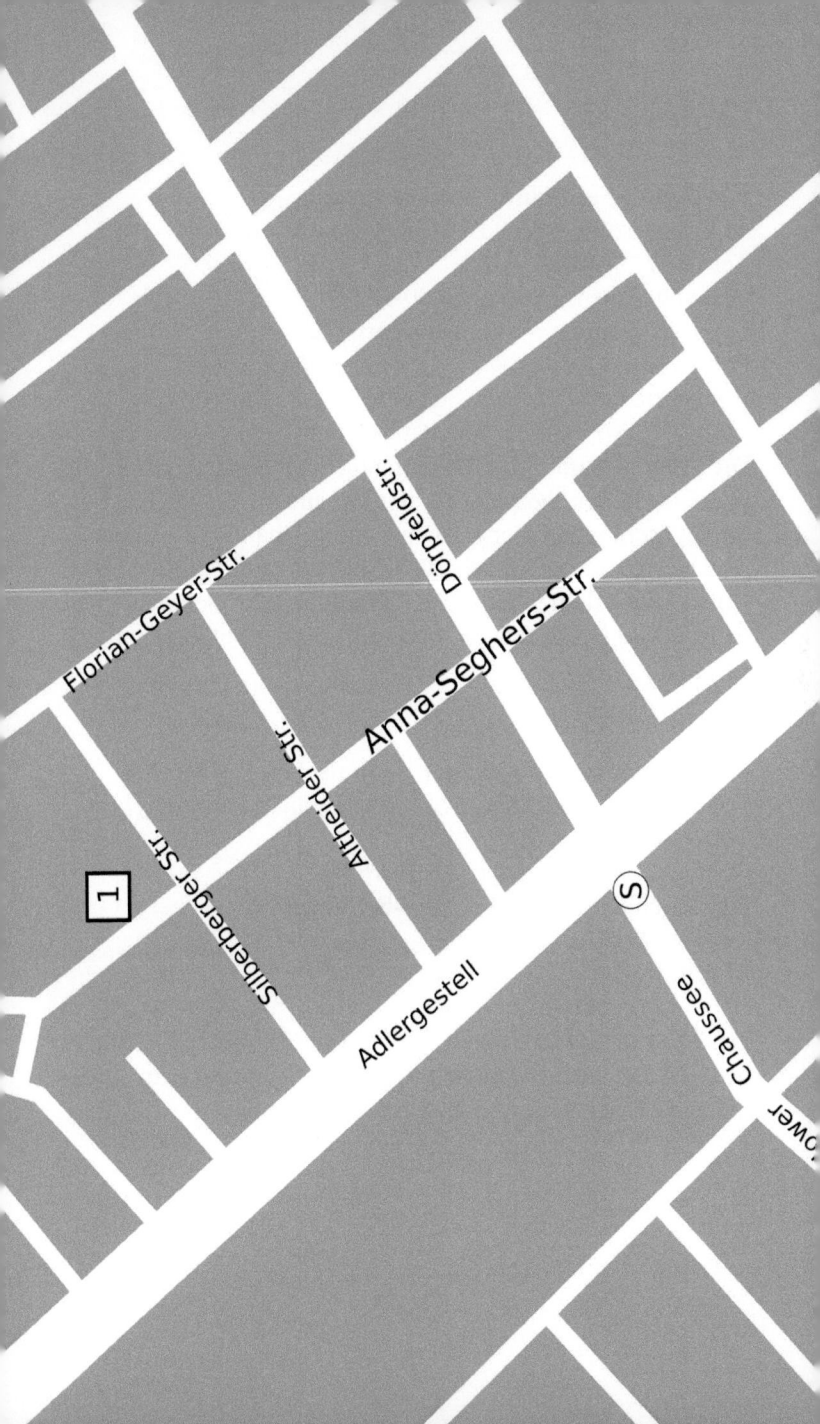

Charlottenburg

1.) Abguss-Sammlung antiker Plastik
Schlossstr. 69b, 14059 Berlin-Charlottenburg
Tel.: 030/ 3424054
Öffnungszeiten: Do.-So. 14.00-17.00
http://www.abguss-sammlung-berlin.de

Eintritt frei!

Die Abguss-Sammlung ist einmalig und existiert schon seit über 300 Jahren; heute ist sie der Freien Universität von Berlin angeschlossen. Der Besucher lernt anhand der Exponate, welche Bedeutung Gipsabdrücke in den letzten Jahrhunderten hatten - sie galten nicht nur der Verehrung des Schönen - und welche Möglichkeiten und Erkenntnisse die Forschung ihnen verdankt.

2.) Architekturmuseum der Technischen Universität
Straße des 17. Juni 150-152, 10623 Berlin-Tiergarten
Tel. 030/ 31423116
Öffnungszeiten: Mo.-Do. 12.00-16.00
http://architekturmuseum.ub.tu-berlin.de

Eintritt frei!

Das Museum wurde bereits 1885 gegründet und befindet sich heute in der Universitätsbibliothek. Es zeigt Architekturzeichnungen vornehmlich preußischer Architekten.

3.) Bauhaus-Archiv
Knesebeckstraße 1-2, 10627 Berlin-Charlottenburg
Tel. 030 25400-278
Öffnungzeiten: Mo.-Sa. 10.00-18.00
http://www.bauhaus.de

Bis zur Neueröffnung des Bauhaus-Archives ist hier temporärer Standort in Charlottenburg eingerichtet worden:

Eintritt frei!

Dieser Text bezieht sich auf das derzeit geschlossene Hauptgebäude:
Das interessante Gebäude wurde vom Meister Walter Gropius in den 1960er Jahren entworfen und schließlich Ende der 1970er in Berlin erbaut. In ihm kann der Besucher der Geschichte, dem Wirken und dem Erbe des Bauhauses (1919-1933) nachgehen. Das Gebäude umfasst die weltweit umfangreichste Sammlung zum Thema Bauhaus in Form von Fotografien, Objekten und Dokumenten wie z.B. Architekturplänen. Das Haus bietet regelmäßig Veranstaltungen und Ausflüge in Berlin an (siehe Website).

4.) Bröhan-Museum
Schlossstr. 1, 14059 Berlin-Charlottenburg
Tel. 030/ 326 906 00
Öffnungszeiten: Di.-So. 10.00-18.00
http://www.broehan-museum.de

1. Mittwoch im Monat freier Eintritt für alle.

Mit dem Bröhan-Museum wurde 1973 die von Karl H. Bröhan begonnene Privatsammlung der Öffentlichkeit zugänglich gemacht, damals noch in Berlin-Dahlem. Das Museum ist auch „Landesmuseum für Jugendstil, Art-Deco und Funktionalismus (1889-1939)". Stellvertretend für diese Epoche werden verschiedene Objekte wie z.b. Grafiken, Lampen, Glas, Keramik, Porzellan, Silber- und Metallarbeiten, Möbel, Teppichen etc. ausgestellt. Besonders erwähnenswert ist hier die Porzellan- und Glassammlung. Die Ausstellung erstreckt sich über 2 Ebenen, die Grafiken, Gemälde und Zeichnungen sind in der Gemäldegalerie im 1. Stock zusammengefasst.

5.) C/O Berlin
Hardenbergstr. 22-24, 10623 Berlin-Charlottenburg
Tel. 030/ 284 44 16-0
Öffnungszeiten: täglich 11.00-20.00, Café ab 10.00
http://www.co-berlin.eu

Als Ausstellungshaus für Fotografie hat das C/O Berlin seit seiner Gründung im Jahr 2000 über die Berliner Grenzen hinaus von sich Reden gemacht. Als private Initiative mit einem innovativen Kulturmanagement und internationalen Kooperationen hat es sich zu einer anerkannten Institution zur Förderung der Fotografie entwickelt, die mittlerweile als eine gemeinnützige Stiftung internationales Ansehen genießt. Zeitgenössisch und inhaltlich aktuell sind die Ausstellungen. In der Vergangenheit waren hier u.a. Werke von Annie Leibovitz, Peter Lindbergh und Karl Lagerfeld zu sehen. 2013 zog das Haus nach Charlottenburg ins Amerika-Haus, in unmittelbare Nähe des Fotografiemuseums am Bahnhof Zoo.

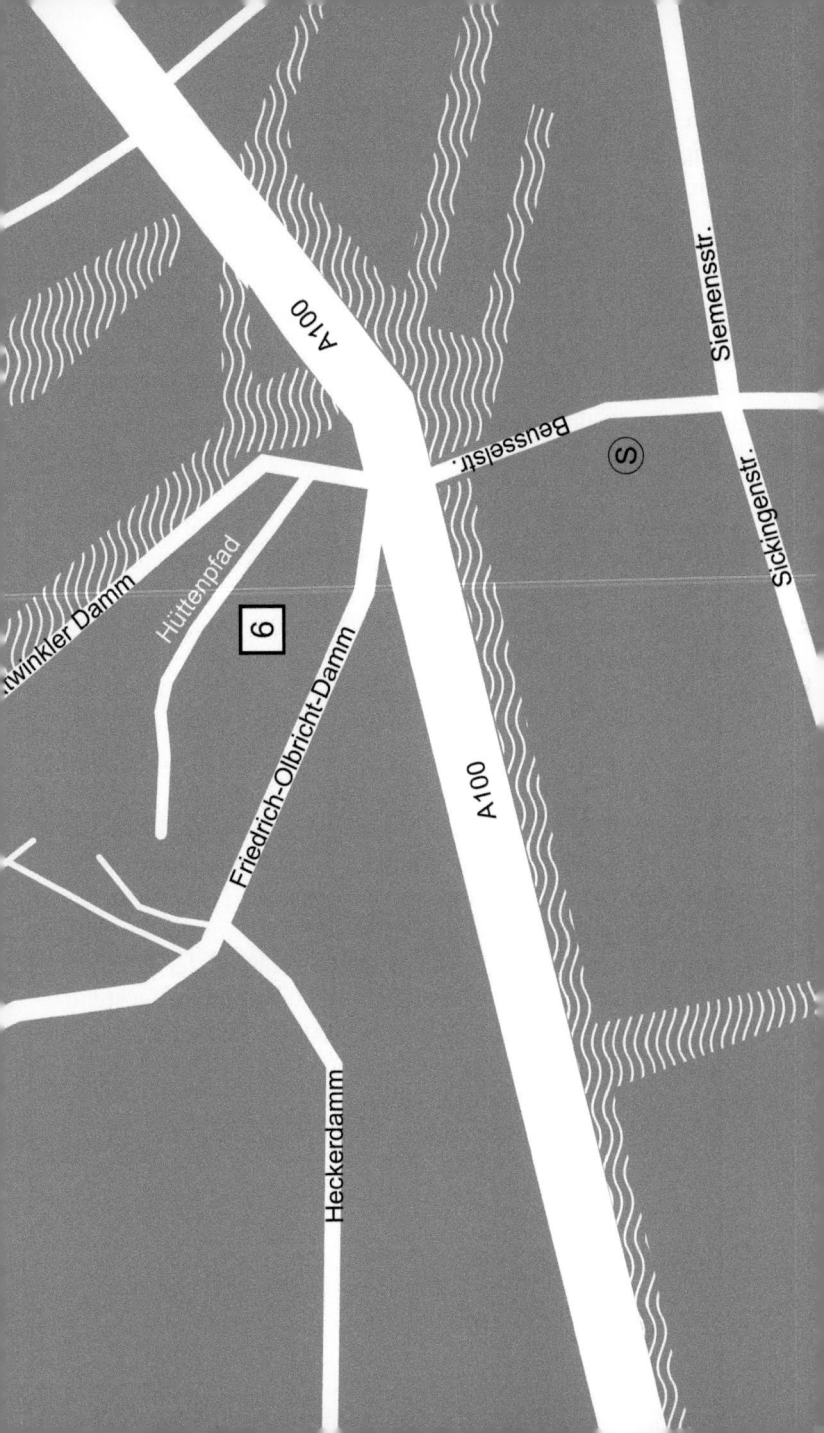

6.) Gedenkstätte Plötzensee am Gefängnis Plötzensee
Hüttigpfad, 13627 Berlin-Charlottenburg
Öffnungszeiten: täglich 09.00-16.00 (im Sommer bis 17.00)
http://www.gedenkstaette-ploetzensee.de

Eintritt frei!
Der Gedenkraum der heutigen Erinnerungsstätte war der Ort, wo das NS-Regime im Laufe seiner Herrschaft fast 3.000 Menschen hat hinrichten lassen. Zusätzlich wird auf 14 Tafeln die NS-Justiz dokumentiert.

7.) Gipsformerei
Sophie-Charlotten-Straße 17, 14059 Berlin-Charlottenburg
Tel. 030/ 32 67 69 11
Öffnungszeiten Laden: Mo.-Fr. 09.00-16.00, Mi. bis 18.00
http://www.smb.museum/
museen-und-einrichtungen/gipsformerei

Werkstattbesichtigung mit Führung: 1. und 3. Mittwoch

Seit fast 200 Jahren werden hochwertige Kunstrepliken aus Berliner und anderen europäischen Museen angefertigt. Gips eignet sich dazu wie kein anderes Material. Dem Besucher steht werktäglich der Verkaufsladen der Gipsformerei offen. Einzigartig ist, dass dem interessierten Käufer der gesamte Formenbestand zur Anfertigung einer Kunstreplik offensteht. Am 1. und 3. Mittwoch des Monats können Sie an einer Führung durch die Werkstatt teilnehmen und so ein Stück Kultur- und Architekturgeschichte erfahren.

8.) Kaiser-Wilhelm-Gedächtnis Kirche
Breitscheidplatz, 10789 Berlin-Charlottenburg
Tel. 030/ 218 50 23
Öffnungszeiten: täglich 09.00-19.00
http://www.gedaechtniskirche-berlin.de

Eintritt frei!

Die Kirche war erst 1895 eingeweiht und dann 1943 bei einem Bombenangriff zerstört worden. Die Ruine wurde später das Wahrzeichen West-Berlins dessen Bewohner sie auch als solches massiv verteidigten. Der von Architekt Egon Eiermann vorgestellte Entwurf eines Neubaus hatte die alte Kirche nicht berücksichtigt. Heute rahmen die neuen Bauelemente die Ruine ein. Von ihm stammen die neue Kirche mit Turm, Kapelle und Foyer. Die Kirche ist weltbekannt u.a. wegen ihrer 16.000 bunten Mosaikfenster.

9.) Käthe-Kollwitz-Museum
Fasanenstr. 24, 10719 Berlin-Charlottenburg
Tel. 030/ 882 52 10
Öffnungszeiten. Täglich 11.00-18.00
http://www.kaethe-kollwitz.de

Führungen: jeden letzten Sonntag im Monat um 15.00.

Das Museum ist in einer eleganten Stadtvilla untergebracht und geht auf eine private Initiative des Berliner Malers und Kunsthändlers Hans Pels-Leusden zurück. Zur Dauerausstellung gehören ca. 200 Zeichnungen und Drucke. Die zweimal pro Jahr stattfindenden Sonderausstellungen rücken das Umfeld der Künstlerin in den Vordergrund.

10.) Keramik-Museum Berlin
Schustehrusstr. 13, 10585 Berlin-Charlottenburg
Tel. 030/ 321 23 22
Öffnungszeiten: Mo.-Fr. 12.00-17.00
http://www.keramik-museum-berlin.de

Es ist das älteste noch erhaltene Bürgerhaus Charlottenburgs wo sich heute das Museum präsentiert. Aufgrund der langjährigen Forschung und Sammlung von Heinz-J. Theis zur Geschichte und Keramik des deutschen Kulturkreises, bietet das Museum heute eine sehenswerte Sammlung von Keramik des 19. und 20. Jahrhundert.

11.) Königliche Porzellan Manufaktur
Wegelystraße 1, 10623 Berlin-Charlottenburg
Tel. 030/ 39009-0
Öffnungszeiten: Mo.-Sa. 10.00-18.00
http://www.kpm-berlin.de

Öffentliche Führungen samstags um 15.00, keine Anmeldung erforderlich

Die KPM Erlebniswelt zeigt sowohl Exponate aus drei Jahrhundert wie auch welcher aufwendige Arbeitsablauf notwendig ist, bis ein Stück aus Porzellan gebrauchsfertig ist. Nach der Besichtigung der Modellsammlung im Keller kommen Sie zu den Schauarbeitsplätzen, wo sie den Meistern über die Schultern schauen können, wie sie letzte Hand anlegen an die edlen Einzelstücke. Zur Veranschaulichung, welchen Glanz eine festlich gedeckte Tafel verbreitet, dürfen die Besucher im Boccherini-Saal eine in kostbarem Porzellan eingedeckte Tafel bestaunen um schließlich in der Verkaufsgalerie zu sehen, wie aktuell hochwertiges Porzellan in unseren modernen Zeiten ist.

12.) Kunsthalle Koidl
Gervinusstraße 34, 10629 Berlin-Charlottenburg
Tel. 030/ 31014640
Öffnungszeiten: siehe Website
http://www.kunsthalle-koidl.de

Unter der Feder von Roman Maria Koidl wurde das 1928 erbaute Umspannwerk am Charlottenburger S-Bahnhof wieder zum Leben erweckt. Äußerlich blieb das Gebäude des Baustils „Neue Sachlichkeit" unverändert, innen wurden die notwendigen Unterteilungen vorgenommen, um die neue Kunsthalle zu schaffen. Die gezeigten Sammlungen moderner Kunst sind sowohl institutioneller wie auch privater Herkunft.

13.) Museum Berggruen
Schlossstraße 1, 14059 Berlin-Charlottenburg
Tel. 030/ 266424242
Öffnungszeiten: Mo.-Fr. 10.00-18.00, Sa.-So. 11.00-18.00
http://www.smb.museum/mb

Kinder unter 18 Jahren frei. Mit demselben Ticket kann gegenüberliegende Sammlung Scharf-Gerstenberg besucht werden.

Das Museum im Stülerbau wurde nach der dort aufbewahrten privaten Sammlung des Kunsthändlers Heinz Berggruen benannt, die sich seit dem Jahr 2000 im Besitz der Stiftung Preußischer Kulturbesitz befindet. Es handelt sich um eine Sammlung von Weltruhm, die mit ihrem beeindruckenden Bestand an Picasso, Matisse, Klee und Giacometti über die Grenzen hinaus als bedeutende Sammlung für die klassische Moderne bekannt ist. Das Museum gehört zur Berliner Nationalgalerie sowie auch die auf der anderen Straßenseite sich befindende Stiftung Scharf-Gerstenberg.

14.) Museum Charlottenburg-Wilmersdorf/ Villa Oppenheim
Schlossstr. 55, 14059 Berlin-Charlottenburg
Tel. 030/ 902924106
Öffnungszeiten: Di.-Fr. 10.00-17.00, Sa. & So. 11.00-17.00
http://www.villa-oppenheim-berlin.de

Eintritt frei!

Neben lokalhistorischen Einblicken bekommt der Besucher auch eine ab 1908 entstandene Kunstsammlung zu sehen, die von der damals noch selbständigen Stadt Charlottenburg angelegt wurde. Die meisten Werke sind im 19. Jahrhundert entstanden und der Berliner Secession zuzuordnen, eine deutscher Künstlergruppe zu der auch Max Liebermann gehörte.

15.) Museum für Fotografie/ Helmut Newton Stiftung
Jebensstr. 2, 10623 Berlin-Charlottenburg
Tel. 030/ 3186 4856
Öffnungszeiten: Di.-So. 11.00-19.00, Do. -20.00
http://www.helmut-newton.de

Das Haus ist in zwei Teilbereich aufgeteilt: im Erdgeschoss und im ersten Stock präsentiert sich die Dauerausstellung „Helmut Newton's Private Property" der Helmut Newton Foundation. Im zweiten Stock, im Kaisersaal, ist die Kunstbibliothek vertreten mit der Sammlung Fotografie.

16.) Sammlung Scharf-Gerstenberg
Schlossstr. 70, 14059 Berlin-Charlottenburg
Tel. 030/ 266-424242
Öffnungszeiten: Mo.-Fr. 10.00-18.00, So.-So. 11.00-18.00
http://www.smb.museum

Kinder unter 18 Jahren frei. Die Karte gilt auch für das Museum Berggruen auf der anderen Straßenseite.

Die Sammlung Scharf-Gerstenberg könnte man als Fortsetzung der Sammlung Berggruen bezeichnen. Einige Künstler sind an beiden Orten vertreten, wie z.b. Klee, Giacometti und Picasso. Der Schwerpunkt liegt auf grafischen Arbeiten. Die Sammlung hat ihre Anfänge bei Otto Gerstenberg, einem bekannten Berliner Kunstsammler des frühen 20. Jahrhunderts. Seine Sammlung wurde im Krieg schwer beschädigt bzw. ging teilweise als Beutekunst in russische Museen, wo sie noch liegt. Sein Enkel Dieter Scharf baute mit der restlichen Sammlung eine eigene auf, die heute zusammen die Sammlung Scharf-Gerstenberg im östlichen Stülerbau darstellen. Hier befinden sich Werke z.B. von Dalí, Magritte, Max Ernst, etc.

17.) Story of Berlin
Kurfürstendamm 207-208, 10719 Berlin-Charlottenburg
Tel. 030/ 887 20 100
Öffnungszeiten: täglich von 10.00-20.00
http://www.story-of-berlin.de

Das Erlebnismuseum bietet einen Spaziergang durch 800 Jahre Stadtgeschichte mittels 23 Themenräumen. Zu den Höhepunkten gehören ein original Atomschutzbunker, der immer noch funktioniert.

18.) Das Verborgene Museum
Schlüterstraße 70, 10625 Berlin-Charlottenburg
Tel. 030/ 313 36 56
Öffnungszeiten:
Do.-Fr. 15-19.00, Sa.-So. 12-16.00
https://dasverborgenemuseum.de

Es gibt weltweit kein weiteres Museum dieser Art. Auf ca. 100 m² werden Arbeiten von Malerinnen und Fotografinnen gezeigt, die alle um 1900 geboren worden. Entweder sind sie später emigriert oder sie wurden nicht ernst genommen und somit spricht heute niemand mehr über sie. Diesen Künstlerinnen gibt das Verborgene Museum Raum. Nicht nur die Arbeiten selber sind interessant, sondern auch, was sie abbilden, wie z.B. Fotographien des „Händetanzes", ein Trend der 20-er Jahre.

Dahlem

1.) Alliierten-Museum
Clayallee 135, 14195 Berlin-Dahlem
Tel. 030/ 818199-0
Öffnungszeiten: Di.-So. 10.00-18.00
http://www.alliiertenmuseum.de

Eintritt frei!

Das Museum beherbergt die Dauerausstellung „Wie aus Feinden Freunde wurden" und erzählt unter diesem Titel die Geschichte der Alliierte in Deutschland ab Ende des Zweiten Weltkriegs. Des Weiteren werden verschiedene Sonderausstellungen und Veranstaltungen angeboten, sowie Filmabende. Diese finden im denkmalgeschützten ehemaligen „Outpost Theater" statt, das sich ebenso auf dem Gelände befindet, wie die Nicholson-Gedenkbibliothek. Major Arthur D. Nicholson Jr. war 1985 bei einer Inspektionsfahrt auf DDR-Gebiet von einem russischen Wachposten erschossen worden.

2.) Kunsthaus Dahlem
Käuzchensteig 8, 14195 Berlin-Dahlem
Tel. 030/ 83 22 72-58
Öffnungszeiten: Mi.-Mo 11.00-17.00
http://kunsthaus-dahlem.de/

Das Kunsthaus Dahlem präsentiert Werke der ost- und westdeutschen Nachkriegsmoderne mit Schwerpunkt plastische Arbeiten, aber auch Fotografie, Grafik und Malerei sind Teil der Ausstellungen. Im Fokus stehen die historischen Ereignisse in Ost und West wie Kapitulation, Besatzung, Kalter Krieg, Blockade u.a.

3.) Botanischer Garten und Botanisches Museum Berlin-Dahlem
Königin-Luise-Str. 6-8, 14195 Berlin-Dahlem
Tel. 030/ 838-50100
Öffnungszeiten Garten: täglich 09.00-16.00, je nach Monat bis 21.00 (siehe Website)
Öffnungszeiten Museum: täglich von 10.00-19.00
http://www.bgbm.org/bgbm/museum

Kinder bis 6 Jahren Eintritt frei.

Im Botanischen Garten haben Sie bereits die Möglichkeit 22.000 Pflanzenarten zu entdecken, im Botanischen Museum können Sie einige von ihnen in aller Ruhe in alle Facetten studieren wie es mit dem bloßen Auge sonst nicht möglich wäre.

4.) Brücke-Museum Berlin
Bussardsteig 9, 14195 Berlin-Dahlem
Tel. 030/ 831-2029
Öffnungszeiten: Mi.-Mo. 11.00-17.00
Gruppen: bitte anmelden
http://www.bruecke-museum.de

Das Brücke-Museum zeigt die Werke der Mitglieder der expressionistischen Künstlergruppe „Die Brücke", die schon 1905 in Dresden gegründet wurde und einen bedeutenden Beitrag zur Entwicklung des Expressionismus in Deutschland beigetragen hat. Das Gebäude folgt mit seinen klaren Linien dem Design des Bauhauses und beherbergt heute Werke von allen Künstlern der ursprünglichen Künstlergruppe. Durch die Sammlung Karl und Emy Schmidt-Rottluff und auch einem umfangreichen Bestand an Arbeiten Schmidt-Rottluffs gehört dem Brücke-Museum heute die weltweit größte Kollektion von „Brücke-Expressionismus".

5.) Domäne Dahlem
Königin-Luise-Str. 49, 14195 Berlin-Dahlem
Tel. 030/ 66 63 00 -0
Öffnungszeiten: siehe Website
http://www.domaene-dahlem.de

Auf dem Gelände des ehemaligen Rittergutes können Sie den Werdegang der Lebensmittel bis auf den Tisch mitverfolgen, im Bio-Bauernhof einkaufen und den Handwerkern zuschauen. Das Herrenhaus gehört zu den ältesten Wohngebäuden Berlins, dort finden sich heute interessante Ausstellungen mit Gemälden, Grafiken und Skulpturen. Anschaulich wird die Vergangenheit durch den historischen Kaufmannsladen, die Fleischerei und das Culinarium. Samstags ist von 8.00-13.00 Ökomarkt.

6.) Ethnologisches Museum
Das Museum befindet sich im Umzug in das Humboldt-Forum in Mitte. Weitere Informationen unter
https://www.smb.museum

Kinder unter 18 Jahren freier Eintritt.

Das Berliner Ethnologische Museum gehört zu den größten seiner Art in der Welt und hat die umfassendste Sammlung in Europa. Diese ist gegliedert nach Regionen und verfügt auch über Bestände zur Musik- und Filmethnologie, dazu gehörten u.a. ca. 50.000 Meter ungeschnittenes Filmmaterial. Das Museum ist auch aktiv in der Forschung, es initiierte in der Vergangenheit verschiedene Expeditionen. Es unterhält Kontakt mit den in der Ausstellung gezeigten Kulturen und Völkern.

7.) Museum Europäischer Kulturen
Lansstraße 8 / Arnimallee 25, 14195 Berlin-Dahlem
Tel. 030/ 266 - 424242
Öffnungszeiten: Di.-Fr. 10.00-17.00, Sa.-So. 11.00-18.00
http://www.smb.museum

Kinder unter 18 Jahren freier Eintritt.

An diesem Ort verschmolz 1999 das über 100 Jahre alte Museum für Volkskunde mit der Europäischen Sammlung des Ethnologischen Museums. Das Museum greift sowohl Traditionen wie z.b. Hochzeiten oder Beerdigungen wie auch Kunst und Kult auf. Die Zeitspanne umfasst mehr als 300 Jahre bis heute. Die Dauerausstellung "Kulturkontakte. Leben in Europa" reflektiert aktuelle Fragen und Themen. Wie und wohin hat sich die Mobilität der Europäer entwickelt, welche Konsequenzen stammen aus den neuen Kulturkontakten? Es geht auch der Frage nach, was ist Identität? Außergewöhnliche Exponate wie z.B. die Prachtgondel aus Venedig zeigen wie facettenreich die europäischen Kulturen sind.

8.) Museum für Asiatische Kunst
Das Museum befindet sich im Umzug in das Humboldt-Forum in Mitte. Weitere Informationen unter
https://www.smb.museum

Kinder bis 18 Jahren frei

Das Museum ist unterteilt in vier verschiedene Sammlungsbereiche: Süd-, Südost-, Ost- und Zentralasien. Jede Sammlung war ursprünglich ein eigenes Museum, seit Ende 2006 präsentieren sie sich gemeinsam. Die ältesten Exponate sind bis zu 5.000 Jahre alt. Zu den Höhepunkten gehören die Nachbildung einer buddhistischen Kulthöhle und die Gandhara-

Sammlung. Die ostasiatische Sammlung ist einer der ältesten ihrer Art in Deutschland. Bereits 1906 von Wilhelm von Bode gegründet, ist sie jedoch größtenteils im zweiten Weltkrieg als Beutekunst nach Russland verschleppt worden, wo sie heute noch verweilt. Die aktuelle Sammlung war nach dem Krieg neu angefangen worden. Sie umfasst ca. 13.000 Exponate japanischer, koreanischer und chinesischer Kunst.

Friedenau

1.) Rotkreuz-Museum des DRK-LV
Bachestr.11/ Bundesallee 73, 12161 Berlin-Friedenau
Tel. 030/ 8 50 05 - 255
Öffnungszeiten: Mi. 16.00-19.00 und nach Vereinbarung.
Während der Berliner Ferien ist das Museum geschlossen!
http://www.rotkreuzmuseum-berlin.drk.de

Das Museum und seine historische Sammlung gehen zurück auf das Engagement des ehrenamtlichen Helfers Jans-Joachim Trümpers, der aussortiertes Material nicht entsorgte, sondern erst einmal beiseitelegte, zunächst ohne einen besonderen späteren Verwendungszweck. Nachdem er bereits einen Keller gefüllt und es sich rumgesprochen hatte, bekam er auch Spenden von historischen DRK-Gegenständen und die Sammlung wuchs an. Zum 100. Geburtstag des DRK Kreisverbandes Neukölln wurden sie zum ersten Mal in einer Ausstellung gezeigt. Die Dauerausstellung trägt den Titel „Im Mittelpunkt der Mensch" und dokumentiert die Geschichte des Roten Kreuzes seit 1863.

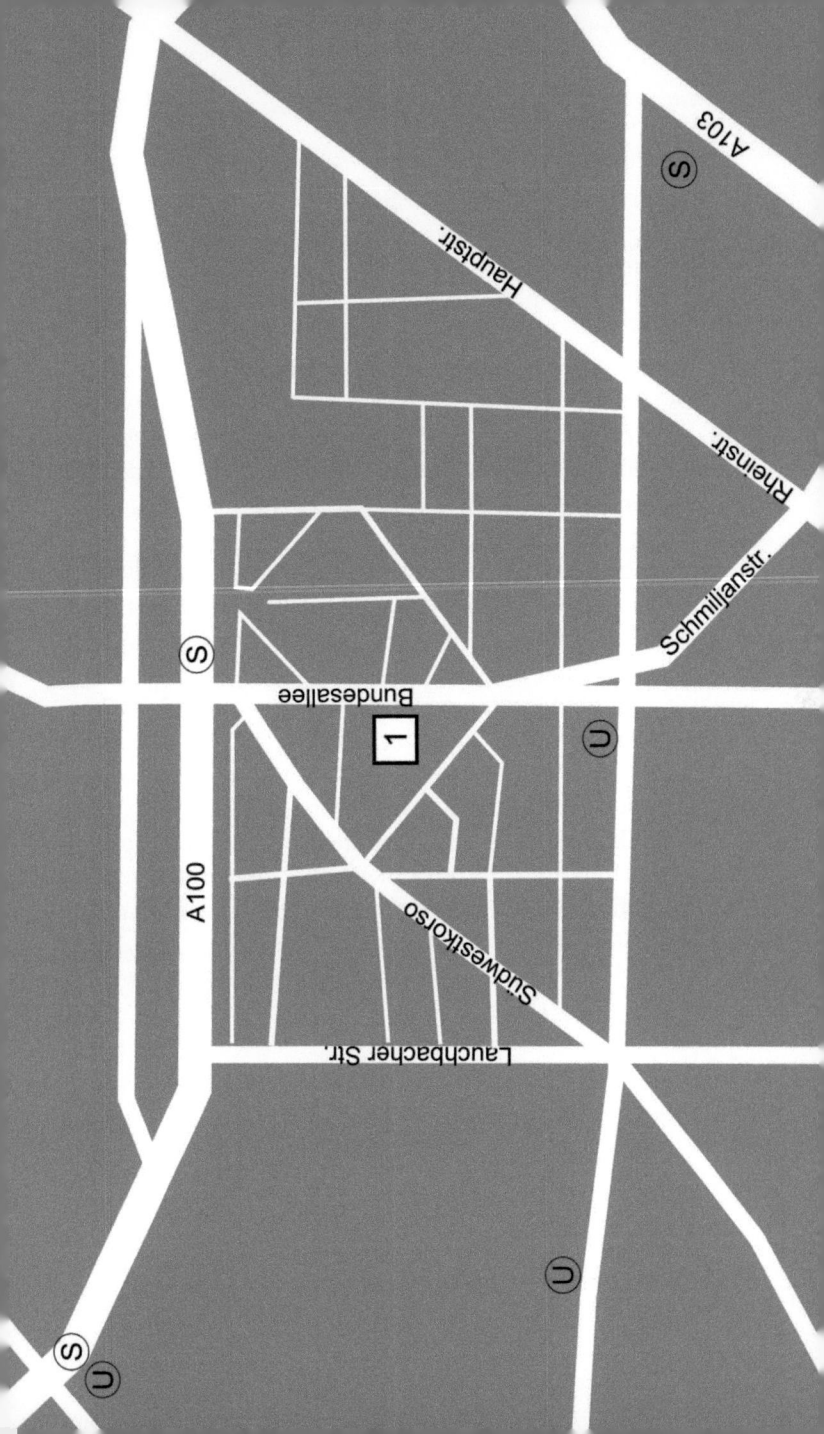

Friedrichshagen

1.) Wasserwerk Friedrichshagen
Müggelseedamm 307, 12587 Berlin-Friedrichshagen
Tel. 030/ 8644-7695
http://www.museum-im-wasserwerk.de

Die folgende Information ist aus dem Jahr 2018. Die Zukunft der Wasserwerke als Museum ist ungewiss. Bei Buchdruck lagen keine Informationen vor, was die Wasserwerke planen seit sie dem Museumsbetreiber und Tourenanbieter „Berliner Unterwelten" gekündigt haben und ob das Museum auf bleibt.

Die Ausstellung des Wasserwerkes zeigt auf 7.000 m² die Geschichte Berlins von einer weniger oft betrachteten Seite. In den original Maschinenhallen und Gebäuden wird historisch dokumentiert, nach und nach die Stadt an die zentrale Wasserversorgung angeschlossen wurde, von unterirdischen Quellen über Holzführungen hin zum Beton. Wie funktionierte die Hygiene vor der Kläranlage, wo und wie wurde überhaupt geklärt? Auf alle diese Fragen gibt es hier eine Antwort. Nach Ende des Zweiten Weltkrieges musste die Versorgung weiter funktionieren, aber die Stadt wurde vom Eisernen Vorhang getrennt. Eine nicht leichte Aufgabe für die Wasserwerke.

Friedrichshain

1.) Computerspiele Museum Berlin
Karl-Marx-Allee 93a, 10243 Berlin-Friedrichshain
Tel. 030/ 6098 8577
Öffnungszeiten: täglich 10.00-20.00
http://www.computerspielemuseum.de

Nur wenige werden wissen, dass es bereits seit über 60 Jahren Games gibt, und hier ist alles versammelt, was in der Szene Rang und Namen hat. Vom Nimrod, dem ersten Computerspiel, das 1951 in Berlin vorgestellt wurde bis hin zur lebensgroßen Lara Croft. Natürlich dürfen auch Atari, Comodore und der Pacman nicht fehlen, aber auch die WII ist dabei. Alles darf ausprobiert werden, bei 300 Exponaten ist da viel zu tun. Neben den Spielen gibt es noch eine dokumentarische Ausstellung.

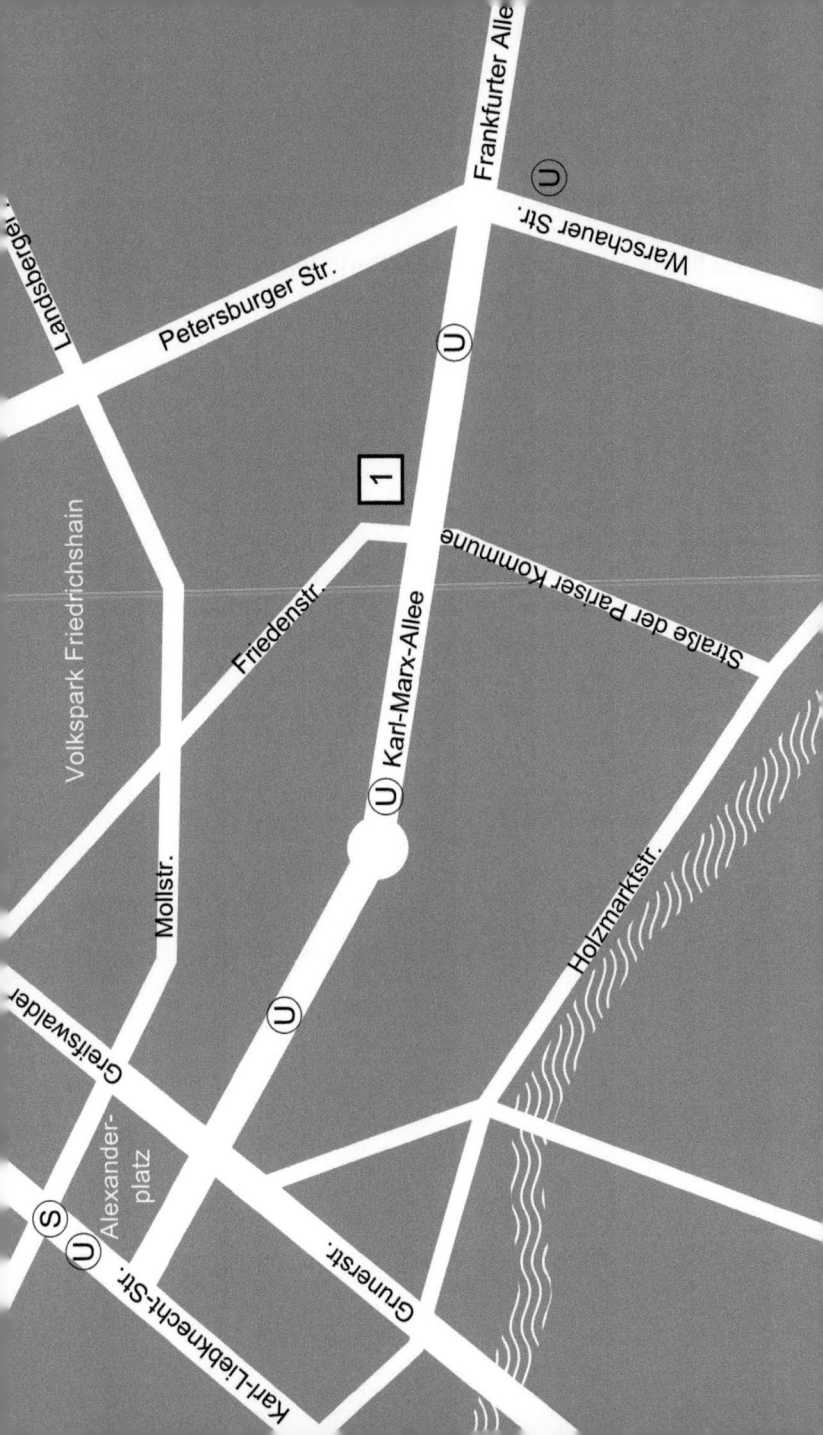

Gatow

1.) Militärhistorisches Museum/ Luftwaffenmuseum der Bundeswehr
Am Flugplatz Gatow 33, 14089 Berlin-Gatow
Tel. 030/ 3687-2666
Öffnungszeiten: Di.-So. 10.00-18.00
http://www.mhm-gatow.de

Eintritt frei!

Diese Außenstelle des Museums der Bundeswehr versteht sich als modernes kulturhistorisches Museum. Der Schwerpunkt liegt in der Betrachtung des Luftkrieges aus verschiedenen Blickwinkeln, wie z.B. Rolle der Piloten, Anonymität der Täter und Opfer, Angriff ohne Fluchtmöglichkeit, etc. Die Mission des Museums zielt auf die Anregung zur Diskussion ab, besonders im Hinblick auf die Stellung der Armee in öffentlichen Leben Deutschlands.

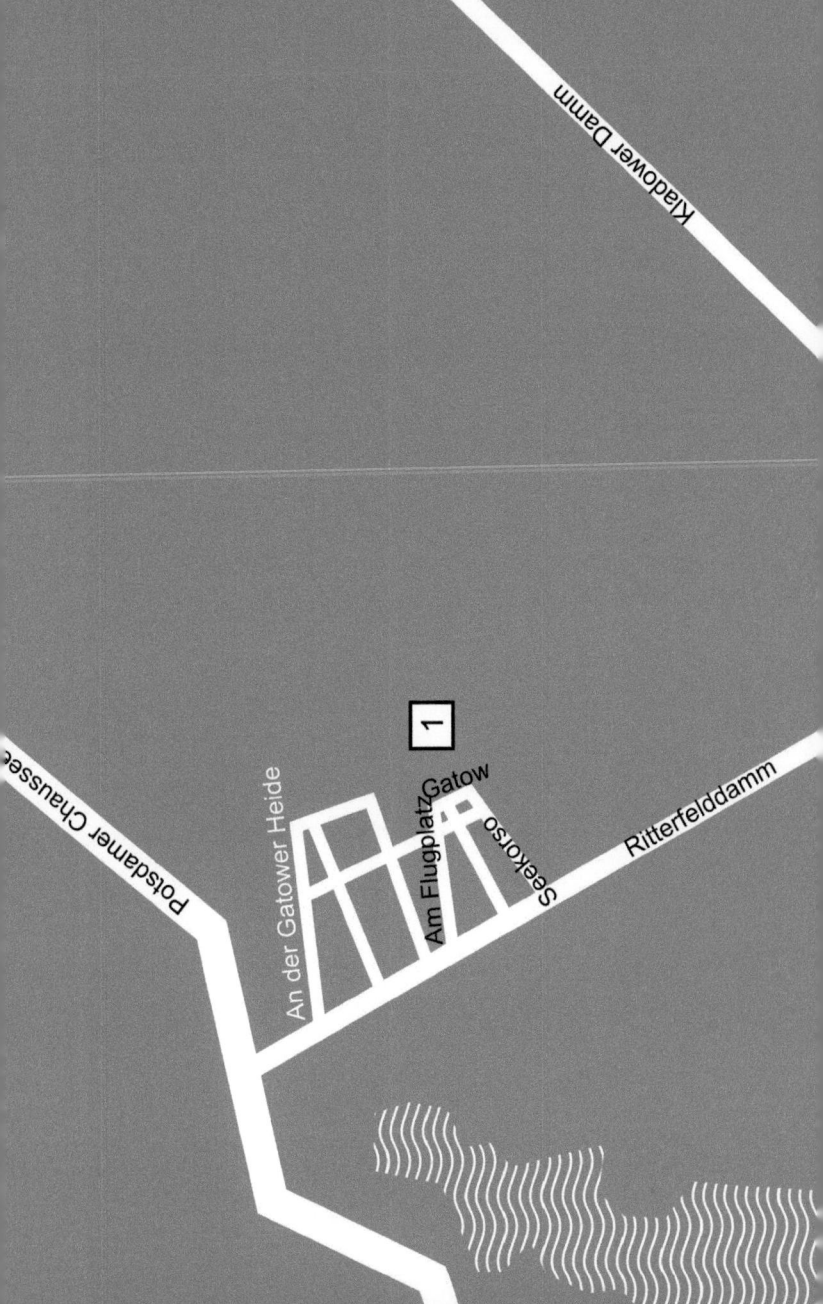

Grünau

1.) Grünauer Wassersportmuseum
Regattastr. 191, 12527 Berlin-Grünau
Tel. 030/ 6 74 40 02
http://www.wassersportmuseum-gruenau.de

Neueröffnung 2019. Termin war bei Buchdruck noch unbekannt. Bitte beim Museum anfragen.

Das Museum war von einem Lehrer mit seinen Schülern 1980 begonnen worden und widmete sich erstmal nur dem Rudersport, mittlerweile stellt es aber über 200 Exponate zum Überthema Wassersport aus. Darunter befinden sich auch drei der Findlinge, die einmal zum berühmten Sportdenkmal Berlin-Grünau gehörten. Dabei handelt es sich um ein 1898 eingeweihtes Denkmal für den Deutschen Wassersport, was die DDR 1973 abreißen ließ. Die Findlinge wurden an verschiedenen Stellen deponiert, ein Großteil wurde nach der Wende wiedergefunden, teilweise durch Tauchaktionen.

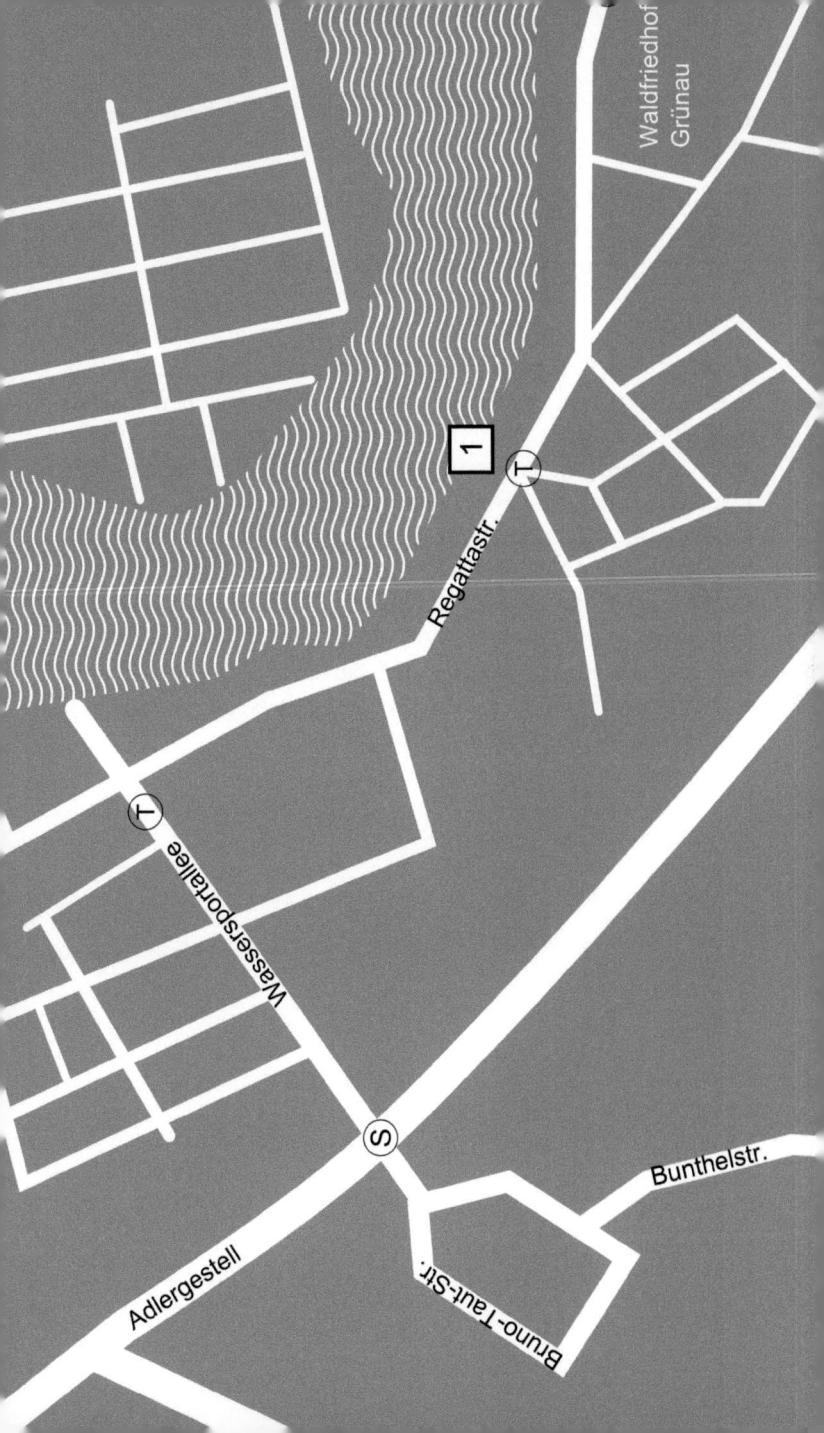

Grunewald

1.) Gleis 17 - Gedenkstätte für den Abtransport von Juden
S-Bahnhof Grunewald, Berlin-Grunewald

Zwischen Oktober 1941 und Februar 1945 wurden ca. 50.000 Berliner Juden vom Güterbahnhof Grunewald, Gleis 17, in den sicheren Tod geschickt. Die Züge der Deutschen Reichsbahn fuhren direkt in die Konzentrationslager. Bis in 1980er Jahr hat die Nachfolgerin der Deutschen Reichsbahn, die Deutsche Bahn, ihre Beteiligung an der Ermordung von Millionen von Menschen während der NS-Diktatur ignoriert. Schließlich konnte 1998 hier ein zentrales Mahnmal für die Opfer eingerichtet werden. Um das Gleis herum sind verschiedene Mahnmal-Initiativen der letzten Jahrzehnte sichtbar. Auf der Rampe zu Gleis 17 hat der polnische Künstler Karol Broniatowski eine Betonwand mit Negativabdrücken von menschlichen Körpern geschaffen.

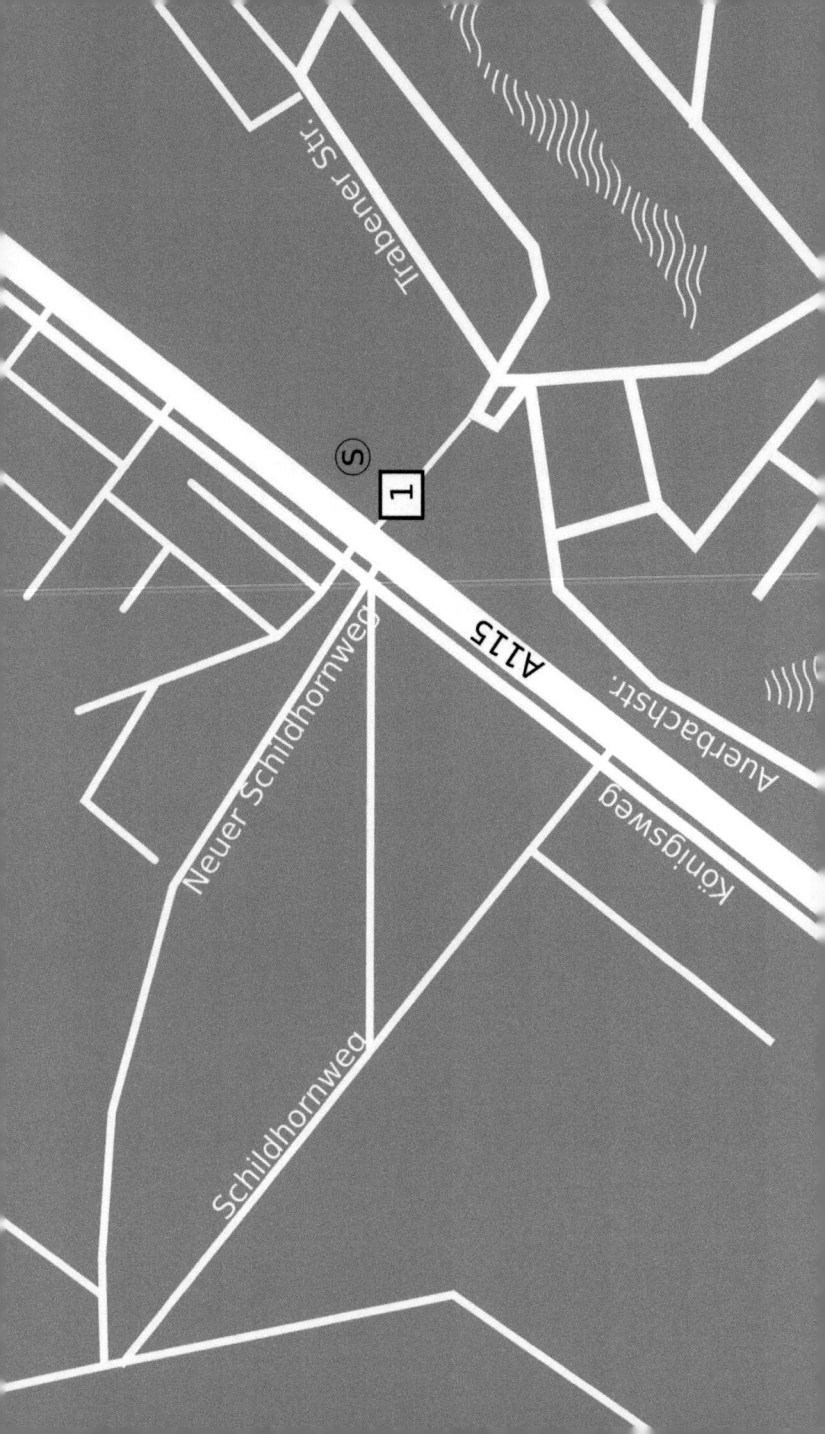

Hellersdorf

1.) DDR-Wohnung
Hellersdorfer Straße 179, 12627 Berlin-Hellersdorf
Tel. 0151/ 16114447 vorher anrufen!!
Öffnungszeiten: So. 14.00-16.00, feiertags geschlossen
https://www.stadtundland.de/download/811.pdf

Eintritt: frei!

Diese Wohnung ist nicht nur der ideale Ort um einen weiteren historischen Film mit Schauplatz in der DDR zu drehen, sondern zeigt auch, was man von einer Wohnung erwarten kann, die in 18 Stunden montiert wurde. Die Plattenbauweise wusste Wohnungsnot kurzfristig und kostengünstig zu lösen. Lassen Sie sich angenehm überraschen!

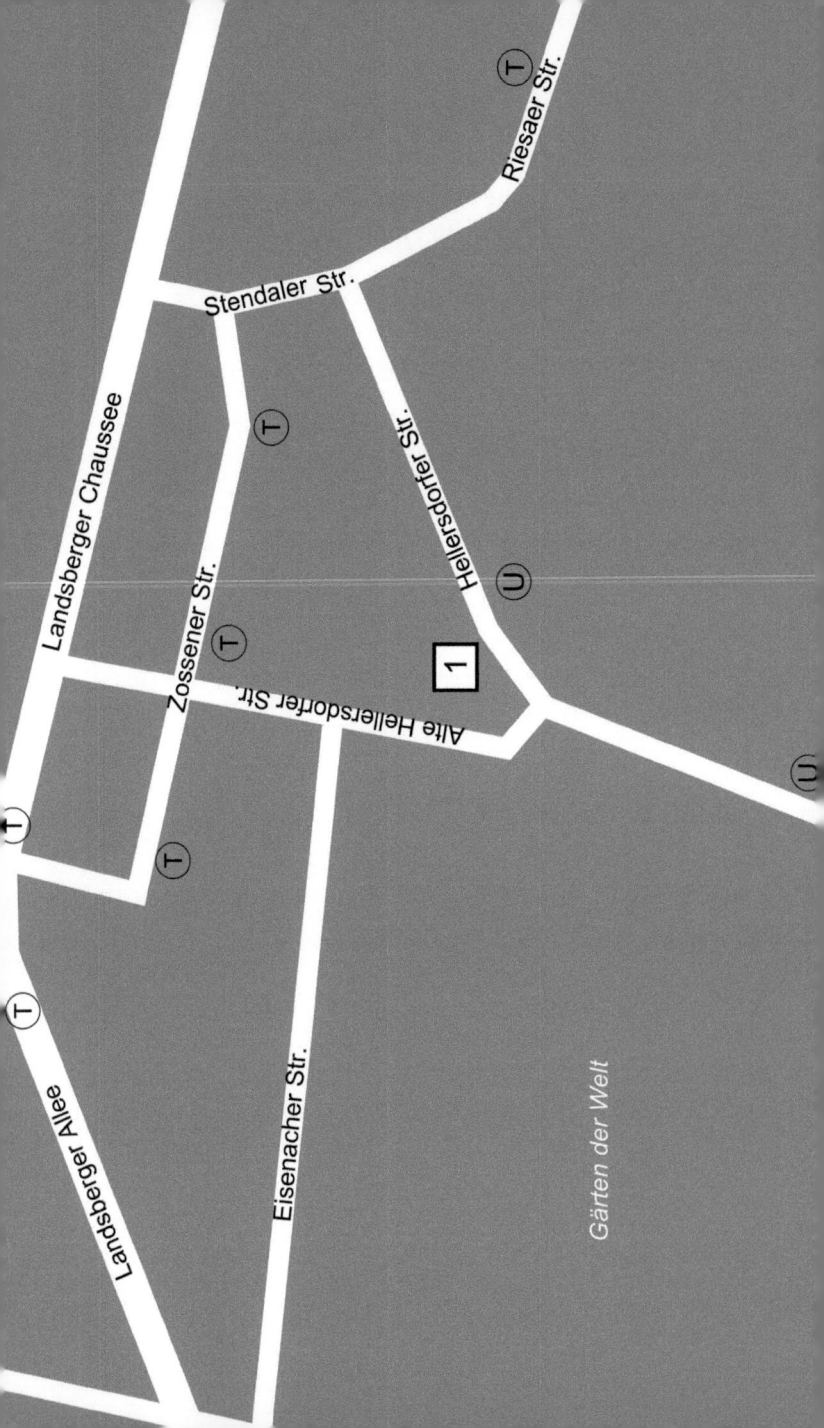

Hohenschönhausen

1.) Gedenkstätte Hohenschönhausen
Genslerstr. 66, 13055 Berlin-Hohenschönhausen
Tel. 030/ 98 60 82 - 30
http://www.stiftung-hsh.de
Gruppen ab 7 Personen bitte anmelden
Blindenführungen: am 3. Montag im Monat um 15.00

Öffnungszeiten (nur mit Führung):

April-Oktober: täglich 10.00-16.00 stündlich,
auf Englisch: 10.30, 12.30 und 14.30,
auf Russisch: sonntags 14.00

November-März: Mo-Fr. 11.00, 13.00, 15.00, Sa.-So. 10.00-16.00 stündlich,
auf Englisch: 11.30 + 14.30,
auf Russisch: sonntags 14.00

Haftkrankenhauses mittwochs 13.00

"Grotewohl-Express" donnerstags 13.00.

Sperrgebiet Berlin-Hohenschönhausen, freitags 14.00

Das ehemalige Gefängnis der Staatssicherheit der DDR ist überwiegend unversehrt und bietet somit einen authentischen Einblick in die totalitären Strukturen der DDR. Die Führungen in deutscher Sprache werden hauptsächlich von ehemaligen Insassen gegeben.

2.) Mies-van-der-Rohe-Haus
Oberseestraße 60, 13053 Berlin-Hohenschönhausen
Tel. 030/ 970 006 18
Öffnungszeiten: Di.-So. 11.00-17.00
http://www.miesvanderrohehaus.de

Eintritt frei!

Ludwig Mies van der Rohe war der letzte Direktor des Bauhauses in Dessau und ein Vertreter des „Neuen Bauens", eine funktionsorientierte Bauweise, die nur der Sache als solche dienen sollte. Das Haus wurde in den Jahren 1932/33 für das Ehepaar Lemke gebaut und war das letzte Werk des Architekten vor seiner Emigration in die USA. Das ist das praktische Beispiel an dem die Ausstellung seine Arbeit und sein Konzept vom fließenden Raum verdeutlicht. Auf den erläuternden und erklärenden Teil der Führung zu Haus, Garten und der aktuellen Ausstellung folgt ein praktischer Teil, entsprechend der jeweiligen Altersstufe. Dabei wird den Schülern die Kunst des komplexen Raumzusammenhangs erfahrbar gemacht und Mies van der Rohes ästhetische Konzeption des fließenden Raumes verdeutlicht. Der Schwerpunkt liegt auf der Verbindung von Mensch und Natur. Der Blick in den Garten durch die großen Fenster gibt der Umgebung eine neue Dimension.

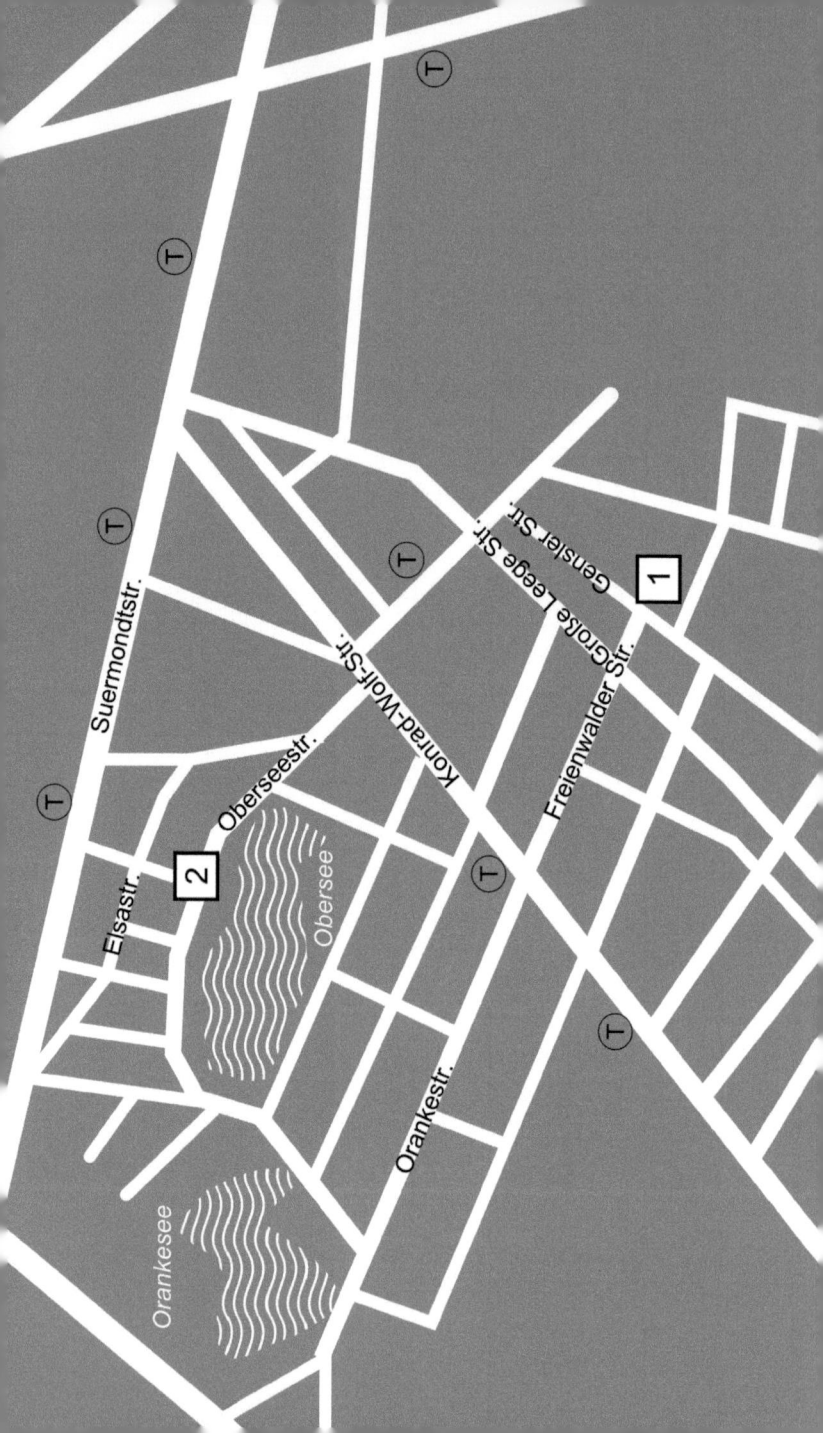

Karlshorst

1.) Deutsch-Russisches Museum Berlin-Karlshorst
Zwieseler Straße 4, D-10318 Berlin-Karlshorst
Tel. 030/ 501 508-10
Öffnungszeiten: Di.-So. 10.00-18.00
http://www.museum-karlshorst.de

Eintritt frei!

In diesem historischen Gebäude wurde am 8. Mai 1945 die bedingungslose Kapitulation unterzeichnet. Heute erinnern die beiden ehemaligen Kriegsfeinde gemeinsam an die Opfer des nationalsozialistischen Verbrechens des Vernichtungskrieges gegen die Sowjetunion. Das Museum wird von der Bundesrepublik Deutschland und der Russischen Föderation getragen und dokumentiert aus Sicht beider Länder die Grausamkeiten der auch die Zivilbevölkerung ausgesetzt war, wie z.B. der geplante massenhafte Hungertod. Die Folgen der damaligen Verbrechen reichen bis in die Gegenwart und sind das Thema der Dauerausstellung. Die Sonderausstellungen finden z.T. gemeinsam mit Museen aus der russischen Föderation statt und behandeln u.a. spezielle regionale Aspekte.

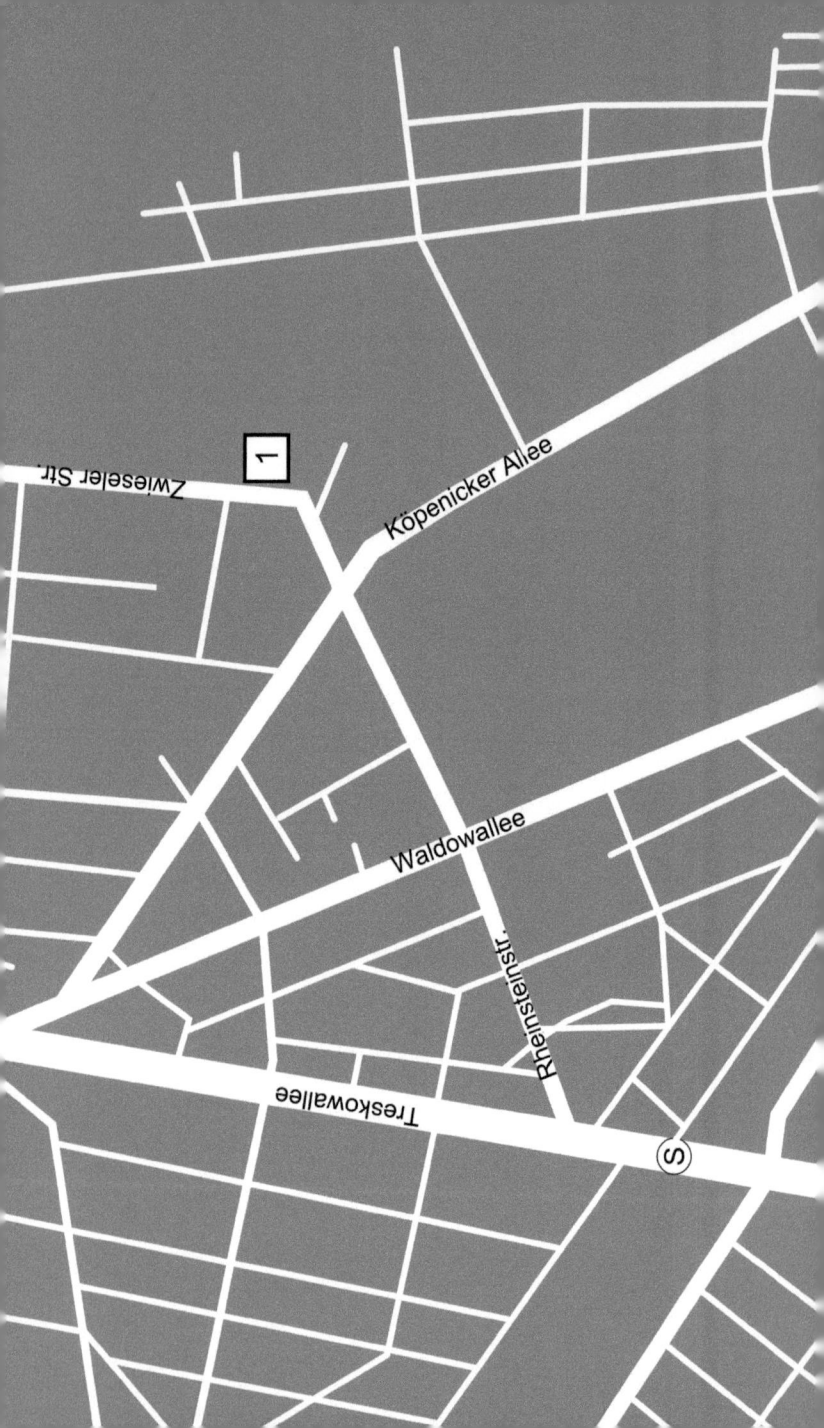

Köpenick

1.) Gedenkstätte Köpenicker Blutwoche Juni 1933
Puchanstraße 12, Berlin-Köpenick
Tel. 030/ 90297-5671
Öffnungszeiten: Do. 10.00-18.00, So. 14.00-18.00
http://www.gedenkstaette-koepenicker-blutwoche.org

Eintritt frei!

Die Gedenkstätte befindet sich im ehemaligen Gefängnis des Amtsgerichts Köpenick, wo die SA 1933 ein Stabsquartier einrichtete. Sie dokumentiert die Ereignisse der als „Köpenicker Blutwoche" in die Geschichte eingegangenen brutalen Übergriffe der SA auf andersdenkenden Bürger im Juni 1933. Diese wurden schwer misshandelt, 22 von ihnen starben.

2.) Hauptmann von Köpenick Ausstellung
Rathaus, Alt-Köpenick 21, 12555 Berlin-Köpenick
Tel. 030/ 90297 3351
Öffnungszeiten: Mo.-Di. 10.00-16.00, Do. 10.00-18.00, Sa.-So. 14.00-18.00
https://www.berlin.de/
museum-treptow-koepenick/museen/hauptmannausstellung/

Eintritt frei!

Dem berühmten Hauptmann von Köpenick sind im Köpenicker Rathaus zwei kleine Räume gewidmet, die nicht nur sein wirkliches Leben nachzeichnen, sondern auch verschiedene originale Exponate aus seiner Zeit zeigen wie z.B. den geraubten Tresor. Die historische Figur wurde erst durch das Theaterstück von Carl Zuckmayer bekannt.

3.) Kunstgewerbemuseum im Schloss Köpenick
Schlossinsel 1, 12557 Berlin-Köpenick
Tel. 030/ 266 - 424242
Öffnungszeiten: April-September Di.-So. 11.00-18.00,
Oktober-März Do.-So. 11.00-17.00
http://www.smb.museum

Kinder unter 18 Jahre Eintritt frei!

Es ist nicht nur eines der ältesten Museen seiner Art in Deutschland, es beherbergt auch eine der bedeutendsten Sammlungen von europäischem Kunsthandwerk vom Mittelalter bis zur Gegenwart und das, trotz der Verluste, die durch Bombenanschläge im zweiten Weltkrieg erlitten wurden. Neben den präsentierten Werken zur Raumkunst aus Rokoko, Barock und Renaissance sind auch die Ausstellungsräume im Schloss besonders sehenswert.

4.) Museum Köpenick
Alter Markt 1, 12555 Berlin-Köpenick
Tel. 030/ 90297 3350 / 51
Öffnungszeiten: Mo.-Di. 10.00-16.00, Do. 10.00-18.00, Sa.-So. 14.00-18.00
https://www.berlin.de/
museum-treptow-koepenick/museen/museum-koepenick/

Eintritt frei!

Köpenick ging aus einem slawischen Burgwall hervor und hatte traditionell ein ausgeprägtes Fisch- und Wäschereigewerbe. Die Geschichte Köpenicks steht im Mittelpunkt der Dauerausstellung, aber auch die Entstehungsgeschichte von Müggelheim, Grünau und Friedrichshagen.

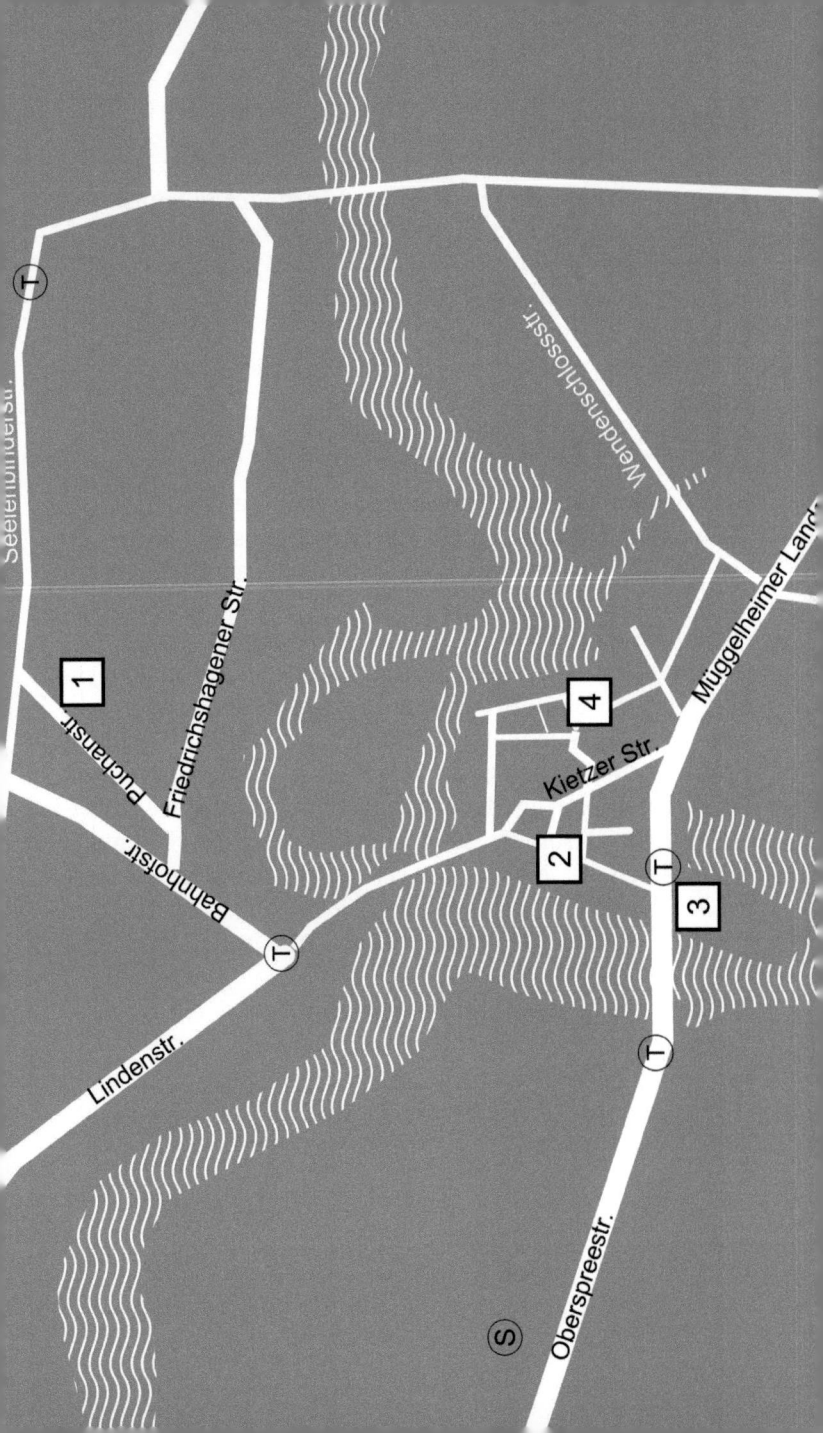

Kreuzberg

1.) Berlinische Galerie - Museum für moderne Kunst
Alte Jakobstraße 124-128, 10969 Berlin-Kreuzberg
Tel. 030/ 789 02-600
Öffnungszeiten: Mi.-Mo. 10.00-18.00
http://www.berlinischegalerie.de

Kinder bis 18 Jahre Eintritt frei.
Jeden 1. Montag im Monat reduzierter Eintritt für alle.

Kooperation mit dem Jüdischen Museum: bei Vorlage eines Tickets bezahlen Sie hier am Tag des Erwerbs und in den folgenden 2 Tagen den ermäßigten Eintritt. Gilt auch umgekehrt.

Die Berlinische Galerie ist nach eigenen Aussagen eine „Bürgersammlung", die mühevoll seit 1975 Kunst zusammengetragen hat, die ab 1870 (meist in Berlin) entstanden ist. Angefangen mit der Sammlung für Malerei kamen bald Skulpturen, Grafiken, Fotografien und eine Architektursammlung hinzu. Des Weiteren verfügt das Museum über verschiedene Künstler-Archive. Besonders zu erwähnen ist hier die Sammlung „DADA-Berlin", die aus den Nachlässen der Künstler Hannah Höch und Raoul Hausmann besteht.

2.) Deutsches Technikmuseum Berlin
Trebbiner Straße 9, 10963 Berlin-Kreuzberg
Tel. 030/ 90 254-0
Öffnungszeiten: Di.-Fr. 09.00-17.30, Sa. + So., 10.00-18.00
http://www.sdtb.de

Kinder bis 6 Jahren frei, Kinder und Jugendliche bis 18 Jahre bzw. bis zum Abschluss der Schulausbildung haben ab 15.00 Uhr freien Eintritt (Vorlage Schülerausweis).

Das Technikmuseum ist ein großer Museumspark nahe des Potsdamer Platzes mit Wind- und Wassermühlen, Schmiede sowie einer Brauerei - eine Erlebniswelt inmitten der Großstadt. Von weitem bereits sichtbar ist der „Rosinenbomber", das Flugzeug, das über dem Eingang schweb und einen interessanten städtebaulichen Akzent setzt. Viele der technikhistorischen Sammlungen sind seit über 120 Jahren in Berlin beheimatet und nun seit 1982 im Technikmuseum zusammengefasst. Die Ausstellung ist sehr facettenreich: alte und neue Technik sowie ihre Anwendung im Alltag laden zum Anfassen und Ausprobieren ein.

Das **Zuckermuseum** ist in einer Abteilung des Deutschen Technikmuseums aufgegangen. In dieser Ausstellung geht es nicht nur um den Rohstoff Zucker, wie er angebaut, geerntet und zu was er verarbeitet wird, sondern auch um die gesamte Welt um den Zucker herum: Geschichte, Sklavenwirtschaft und Bedeutung in der Gesellschaft zu jeder Zeit. Ohne Zucker gäbe es auch keinen Alkohol.

3.) FHXB Friedrichshain-Kreuzberg Museum
Adalbertstraße 95A, 10999 Berlin-Kreuzberg
Tel. 030/ 50 58 52 33
Öffnungszeiten: Di.-Fr. 12.00-18.00, Sa+So. 10.00-18.00
http://www.fhxb-museum.de

Eintritt frei!

Die ständige Ausstellung zeigt die Entwicklung der beiden Stadtteile Friedrichshain (ehemals Ost) und Kreuzberg (ehemals West) seit dem frühen 18. Jahrhundert. Spannend sind vor allem die Unterschiedlichkeiten in der Zeit der Deutschen Teilung. So stand (und steht zum Teil noch) Kreuzberg für einen autonomen Lebensstil mit einer aktiven Hausbesetzerszene während Friedrichshain die Heimat der berühmten Karl-Marx-Allee (in der DDR „Stalin-Allee) war, wo Parteifreunde für damalige Verhältnisse äußerst luxuriös wohnten. Nach der Wende zog auch dort die Hausbesetzerszene zu.

4.) Haus am Checkpoint Charlie
Friedrichstraße 43-45, 10969 Berlin-Kreuzberg
Tel. 030/ 253 725-0
Öffnungszeiten: 09.00-22.00, 365 Tage im Jahr
http://www.mauer-museum.com

Wer hier nur deutsche Geschichte erwartet, der wird mehr als positiv überrascht sein, denn das Museum bietet auch verschiedene Dauerausstellungen z.B. über die Bewegung der Menschenrechte oder die Friedensmission der Nato. Dennoch bleibt die Deutsche Geschichte auch mehr als 2 Jahrzehnten nach der Wiedervereinigung spannend für den Besucher des Hauses; zum Teil macht sie ihn auch betroffen und sprachlos, wenn er erfährt auf welche abenteuerliche Fluchten sich Menschen einließen, um in den Westen zu kommen.

5.) Jüdisches Museum Berlin
Lindenstraße 9-14, 10969 Berlin-Kreuzberg
Tel. 030/ 259 93 300
Öffnungszeiten: täglich 10.00-20.00
http://www.jmberlin.de

Durch die Kooperation mit der Berlinischen Galerie bezahlen Sie hier bei Vorlage eines Tickets am Tag des Erwerbs und in den folgenden 2 Tagen den ermäßigten Eintritt. Gilt auch umgekehrt.

Bitte haben Sie Geduld beim Einlass, es werden Sicherheitskontrollen durchgeführt.

Wer glaubt zu wissen, was ihn im Jüdischen Museum erwartet, hat in der Regel zu kurz gedacht. Neben jüdischer Geschichte, Tradition und Aktualität gibt es auch ein außergewöhnliches Gebäude-Ensemble zu bestaunen, welches das Museum beherbergt. Es zog bereits Besucher an, da war das Museum noch gar nicht in den spektakulären Neubau von Daniel Libeskind eingezogen. Dem 1735 errichteten Hauptbau setze Libeskind eine Glaskuppel auf und schuf somit einen Lichthof. Den Entwurf nannte Libeskind „sukka", hebr. für Hütte, in Anlehnung an das jährlich im Judentum gefeierte Laubhüttenfest. Der Alt- und Neubau sind unterirdisch mit einander verbunden. Auf der anderen Straßenseite befindet sich ein anderes zum Ensemble gehörende Element, der Eric F. Ross Bau, ein im Boden zu stecken scheinender Kubus. Hier ist die Akademie des Museums untergebracht.

6.) Künstlerhaus Bethanien
Kottbusser Straße 10, 10999 Berlin-Kreuzberg
Tel. 030/ 616 90 3 – 0
Öffnungszeiten: Di.-So. 14.00-19.00
http://www.bethanien.de

Eintritt frei!

Das Künstlerhaus Bethanien versteht sich als internationales Kulturzentrum, das den Austausch von Künstlern unterschiedlicher Herkunft und Bereich fördert. Monatlich werden neue Ausstellungen eröffnet, mehrmals im Jahr finden spezielle Veranstaltungen statt wie z.B. Atelierrundgänge.

7.) Kunstraum Kreuzberg/ Bethanien
Mariannenplatz 2, 10997 Berlin-Kreuzberg
Tel. 030/ 90298-1454
Öffnungszeiten: täglich 11.00-20.00
http://www.kunstraumkreuzberg.de

Eintritt frei!

Im ehemaligen Diakonissen-Krankenhaus Bethanien stehen 450 m² Ausstellungsfläche zur Verfügung, die in regelmäßigen Abständen für Projekte/ Ausstellungen kultureller Bildung genutzt werden. Der Kunstraum verfügt selber über eine Sammlung von ca. 450 Werken von Künstlern, die in Kreuzberg gelebt haben.

8.) Martin-Gropius-Bau
Niederkirchnerstraße 7, 10963 Berlin-Kreuzberg
Tel. 030/ 254 86-0
Öffnungszeiten: Mi.-Mo. 10.00-19.00
http://www.berlinerfestspiele.de

Im Jahr 1881 eröffneten die Architekten Martin Gropius (Onkel von Walter Gropius) und Heino Schmieden das als Kunstgewerbemuseum (bis 1943) entworfene Haus, das selber ein Kunstwerk ist, welches sich zu besuchen lohnt. Das im Krieg schwer beschädigte Gebäude wurde von 1978-1981 behutsam wiederaufgebaut, nachdem auch Walter Gropius sich dafür sehr engagiert hatte. Heute steht es augenscheinlich unversehrt am ehemaligen Mauerverlauf in Kreuzberg und der Grenze zu Mitte, in fußläufiger Nähe zum Potsdamer Platz. Dies ist auch der Grund, warum das Museum durch die Hintertür betreten werden muss: die Mauer verlief unmittelbar vor dem Haupteingang. Das quadratische Gebäude im italienischen Renaissance-Stil und seinem beeindruckenden Lichthof fasziniert die Besucher mit seiner detaillierten Dekoration wie z.B. die Wandmosaiken. Zeitgenössische Kunst und neueste Forschungsergebnisse werden hier in abwechslungsreichen Ausstellungsprogrammen der Öffentlichkeit zugänglich gemacht.

9.) Museum der Dinge (Werkbundarchiv)
Oranienstraße 25, 10999 Berlin-Kreuzberg
Tel. 030/ 92 10 63 -11
Öffnungszeiten: Do.-Mo. 12.00-19.00
http://www.museumderdinge.de

Freier Eintritt bis 18 Jahre, wie auch für Empfänger von Transferleistungen.

Führung: sonntags 14.00, kostenlos (zzgl. Eintrittspreis)

Das Museum geht zurück auf die archivierten Arbeiten des Deutschen Werkbundes, eine 1907 gegründete Gruppe der Anspruch es war, die Anonymität der Dinge als Produkt der Massenfabrikation durch modern-sachliche Gestaltung aufzuhalten. Letztendlich suchten sie eine Reformierung der damaligen Lebensverhältnisse. Im Museum sind sowohl namhafte wie auch unbekannte Designer ausgestellt. Funktionalität steht neben Kitsch wie ein Massenprodukt neben einer limitierten Auflage. Die Sammlung erzählt die Geschichte von

Alltagsgegenständen und zeigt sie in einer außergewöhnlichen Breite in neuen Zusammenhängen.

10.) nGbK / neue Gesellschaft für bildende Kunst
Oranienstraße 25, 10999 Berlin-Kreuzberg
Tel. 030/ 61 65 13-0
Öffnungszeiten & Ausstellungsorte: siehe Website
http://www.ngbk.de

Eintritt: frei! Ausnahmen kommen vor.

Die Projekte und die ihnen folgenden Ausstellungen werden von den Mitgliedern des Vereins umgesetzt. Viele von ihnen gehen gesellschaftlichen Fragen nach und setzen sich mit der aktuellen Kunstproduktion- und präsentation auseinander. Hier kommen Menschen unterschiedlicher Herkunft zusammen und bringen ihre individuellen Fähigkeiten, Erfahrungen und Sichtweisen ein. Welches Projekt schließlich realisiert und finanziert wird entscheiden alle Vereinsmitglieder. Das Ergebnis sind interessante Ausstellungen, die meisten mit freiem Eintritt.

11.) Ramones Museum Berlin
Oberbaumstr. 5, 10997 Berlin
Tel. 030/ 61285399
Öffnungszeiten: täglich 10.00-22.00
http://www.ramonesmuseum.com

Wer sich auch nur ansatzweise für die Punkbank Ramones interessiert, der kommt an diesem Museum nicht vorbei, denn es ist das einzige auf der Welt. Die hier ausgestellten über 300 Objekte der Welt der Ramones sind zum Teil noch nie vorher gezeigt worden.

12.) Spectrum Science Center
Möckernstr. 26, 10963 Berlin-Kreuzberg
Tel. 030 / 90 254-288
Öffnungszeiten: Di.-Fr. 09.00-17.30, Sa.-So. + Feiertage
10.00-18.00
http://sdtb.de

Kinder bis 6 Jahre frei. Eintritt gilt am gleichen Tag auch für das Technikmuseum

Das Science Center bietet Naturwissenschaften zum Anfassen. Wer sie nicht anfasst, der wird sie auch nicht verstehen. Versuchsfelder sind u.a. Mechanik, Optik, Elektrizität. Das Center möchte kein Museum sein und vermittelt auf vier Etagen Wissen anhand von ca. 250 Experimentierstationen wo Besucher miteinander oder zusammen mit dem Personal vor Ort forschen können. Das Center gehört zum Technikmuseum und ist doch eine Welt für sich.

13.) Topographie des Terrors
Niederkirchnerstraße 8, 10963 Berlin-Kreuzberg
Tel. 030 / 254509-0
Öffnungszeiten: täglich 10.00-20.00
http://www.topographie.de

Eintritt frei!

Zwischen Martin-Gropius-Bau und Potsdamer Platz befanden sich in der Nazizeit das Amt der Gestapo, die Reichsführung der SS und später auch das Reichssicherheitshauptamt.
Das Dokumentationszentrum lädt ein zu zwei Dauerausstellungen: „Gestapo, SS und Reichssicherheitshauptamt in der Wilhelm- und Prinz-Albrecht-Straße" und einem Geländerundgang mit 15 Stationen.

14.) Trabi-Museum
Zimmerstr. 14-15, 10969 Berlin-Kreuzberg
Tel. 030/ 30 20 10 30
Öffnungszeiten: täglich 10.00-18.00
http://www.trabi-museum.com

Bis 12 Jahre Eintritt frei!

Der Trabi war der Volkswagen der DDR. Kaum ein anderes DDR-Produkt ist international so bekannt und so geliebt, wie dieses sozialistische Automobil. Das Museum ist der erste seiner Art und zeigt nicht nur die verschiedenen Modelle und skurrilsten Umbauten vor wie nach der Wende, sondern gibt auch einen Einblick in das Lebensgefühl Trabi.

15.) Zweirad-Museum
Köpenicker Straße 8, 10997 Berlin-Kreuzberg
Tel. 030/ 618-6258
Öffnungszeiten: Mo.-Fr. 10.00-17.00, Sa. 10.00-13.00
http://www.ideal-seitenwagen.eu/Seitenwagen.htm

Eintritt frei!

Das private Museum hat einen industriellen Charakter und wird Motorradfans das Herz aufgehen lassen. Die Sammlung konzentriert sich auf Zweiräder der 1920 bis 1950 Modelle mit Schwerpunkt auf NSU, BMW und HOREX. Auf Wunsch können auch alte Betriebsanleitungen, Kataloge und Werbeprospekte eingesehen werden.

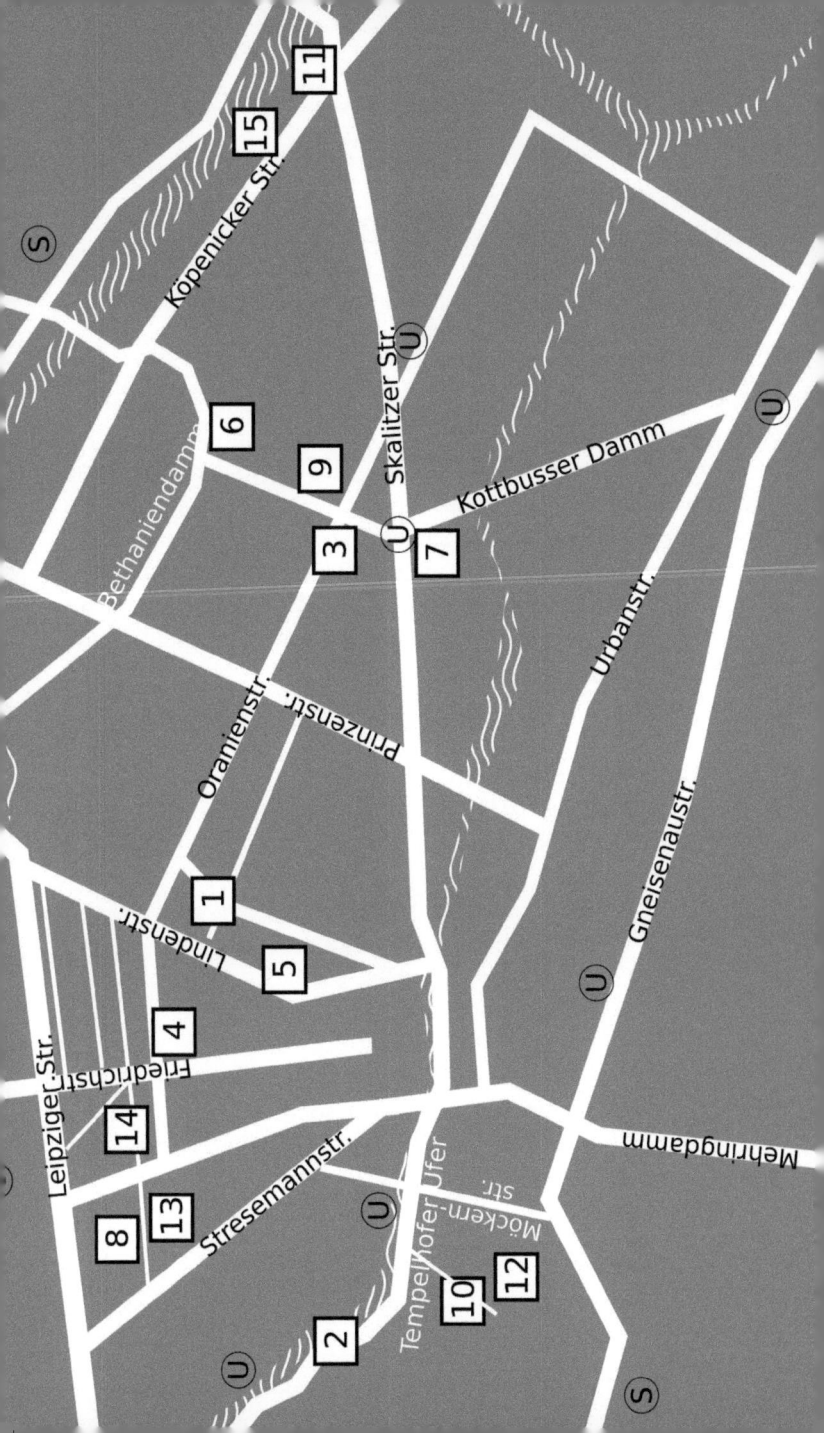

Lichtenberg

1.) Kesselhaus
Herzbergstr. 79, Haus 29, 10365 Berlin-Lichtenberg
Tel. 030/ 54 72 24 24
Öffnungszeiten: Di. 14.00-16.00, Do. 14.00-18.00
http://www.museumkesselhaus.de

Zusammen mit dem Ev. Krankenhaus Königin Elisabeth Herzberge bildet das Kesselmuseum eine denkmalgeschützte Anlage. 1889 errichtet diente das Kesselhaus der Heiz- und Warmwasserversorgung des Krankenhauses. Der letzte Kessel ging erst 1991 von Netz nachdem bereits 1986 das Krankenhaus an die Fernwärme angeschlossen wurde. Dem Besucher stehen drei Generationen von Kesseln zum Anfassen zur Verfügung. An verschiedenen Schautafeln wird die Technik und Geschichte erläutert.

2.) Museum Lichtenberg
Türrschmidtstr. 24, 10317 Berlin-Lichtenberg
Tel. 030/ 57797388-12
Öffnungszeiten: Di.-Fr. + So. 11.00-18.00
http://www.museum-lichtenberg.de

Eintritt frei!

Wie alle anderen Heimatmuseen blickt auch dieses auf die lange Geschichte und Tradition seines Bezirkes zurück, wobei man hier erwähnen muss, dass besonders im 20. Jahrhundert Lichtenberg ein Ort mit viel Bewegung war. Die Niederschlagung der Revolution von 1919, die bedingungslose Kapitulation der Wehrmacht 1945, die Errichtung des Stasi-Gefängnisses in Hohenschönhausen, die Ansiedlung der Stasizentrale in der Magdalenenstraße, alles Orte in Lichtenberg, die die deutsche Politik geprägt haben.

3.) Stasi-Museum
Ruschestraße 103, Haus 1, 10365 Berlin-Lichtenberg
Tel. 030/ 553 68 54
Öffnungszeiten: Mo.-Fr. 10.00-18.00, Sa.-So. 11.00-18.00
http://www.stasimuseum.de

Öffentliche Führungen: Do.-Mo. 13.00, Englisch: 15.00

Das Stasi-Museum dokumentiert anhand von exemplarischen Fällen und weiteren Dokumenten und Exponaten die Ideologie und Praxis der SED und der von ihr eingesetzten Geheimpolizei zur Enttarnung der „Feinde des Sozialismus". Die Besucher haben die Möglichkeit, die Büros des ehemaligen Ministers für Staatssicherheit, Erich Mielke, zu besichtigen.

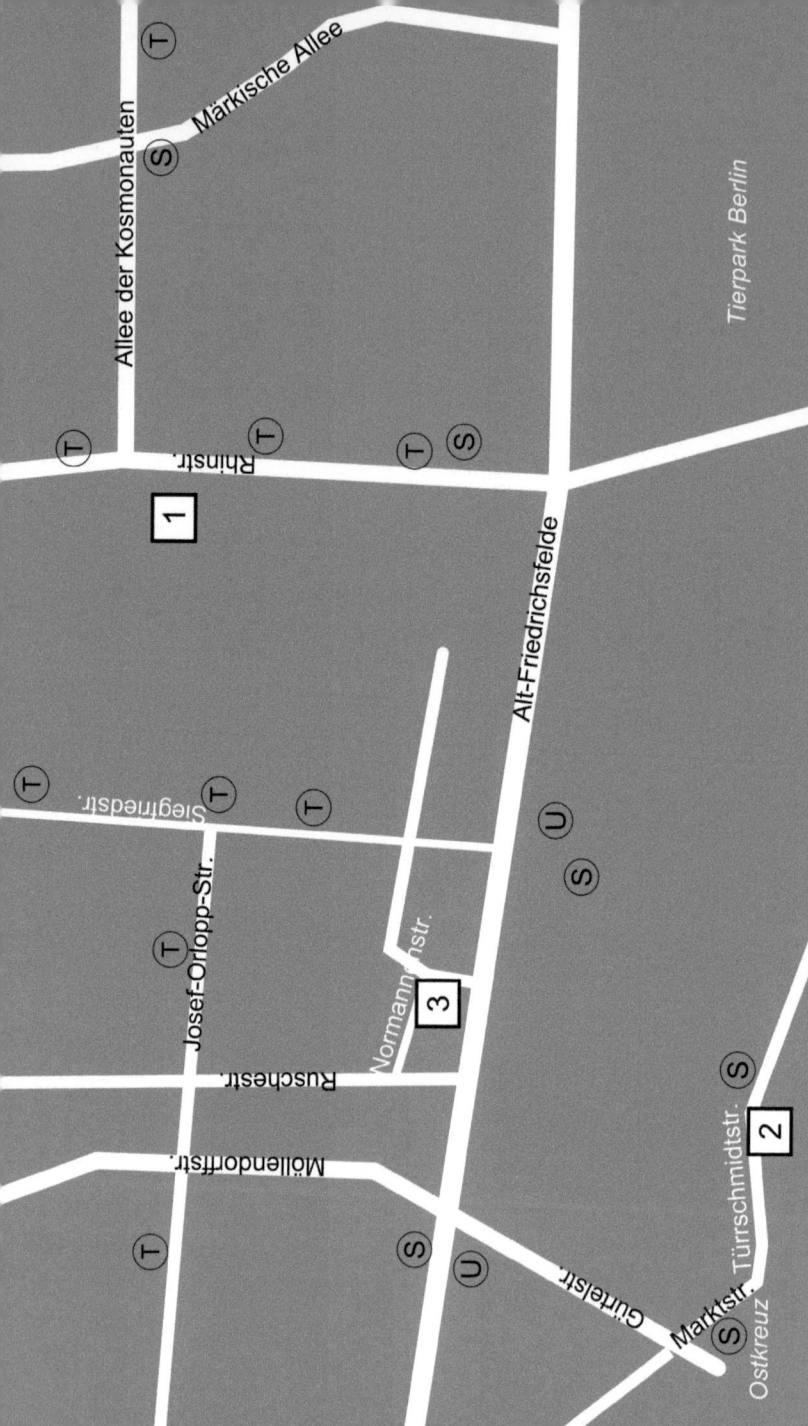

Mahlsdorf

1.) Gründerzeitmuseum im Gutshaus Mahlsdorf
Hultschiner Damm 333, 12623 Berlin-Mahlsdorf
Tel. 030/ 5 67 83 29
Öffnungszeiten: Mi. + So. 10.00-18.00
http://www.gruenderzeitmuseum-mahlsdorf.de/

Als Charlotte von Mahlsdorf, wie Lothar Berfelde gebürtig hieß, 1960 ihr Gründerzeitmuseum eröffnete konnte sie wohl kaum ahnen, dass sie einmal dieses Gutshaus beziehen würde. Ihre große Leidenschaft galt der Wohnkultur der Gründerzeit. Dem Besucher bieten sich 14 verschieden eingerichtete Räume. Vom Gartensaal führt eine Freitreppe zum Park, der Anfang der 90er wieder in den Originalzustand von 1906 versetzt worden war.

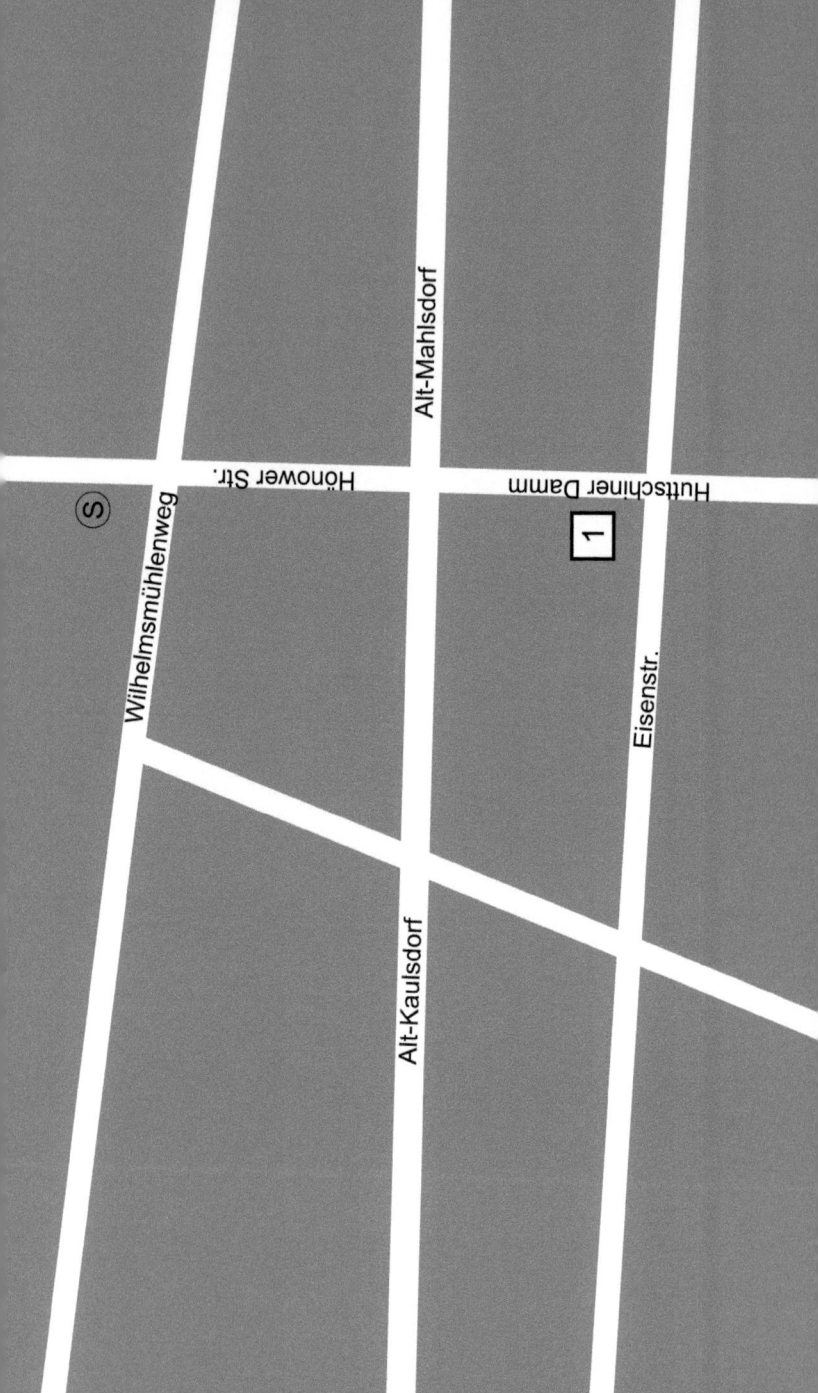

Marienfelde

1.) Erinnerungsstätte Notaufnahmelager Marienfelde
Marienfelder Allee 66/80, 12277 Berlin-Marienfelde
Tel. 030/ 75 00 84 00
Öffnungszeiten: Di.-So. 10.00-18.00
http://www.notaufnahmelager-berlin.de

Eintritt frei!

Von 1953 bis 1990 war dieses Notaufnahmelager im Süden Berlins die erste Anlaufstelle für Flüchtlinge und Übersiedler aus der DDR, später aus Polen und der Sowjetunion. Die Gedenkstätte zeigt in der Dauerausstellung die Geschichten der Flüchtlinge und ihr Alltagsleben im Aufnahmelager. Mittels Sonderausstellungen werden verschiedene Themen vertieft.

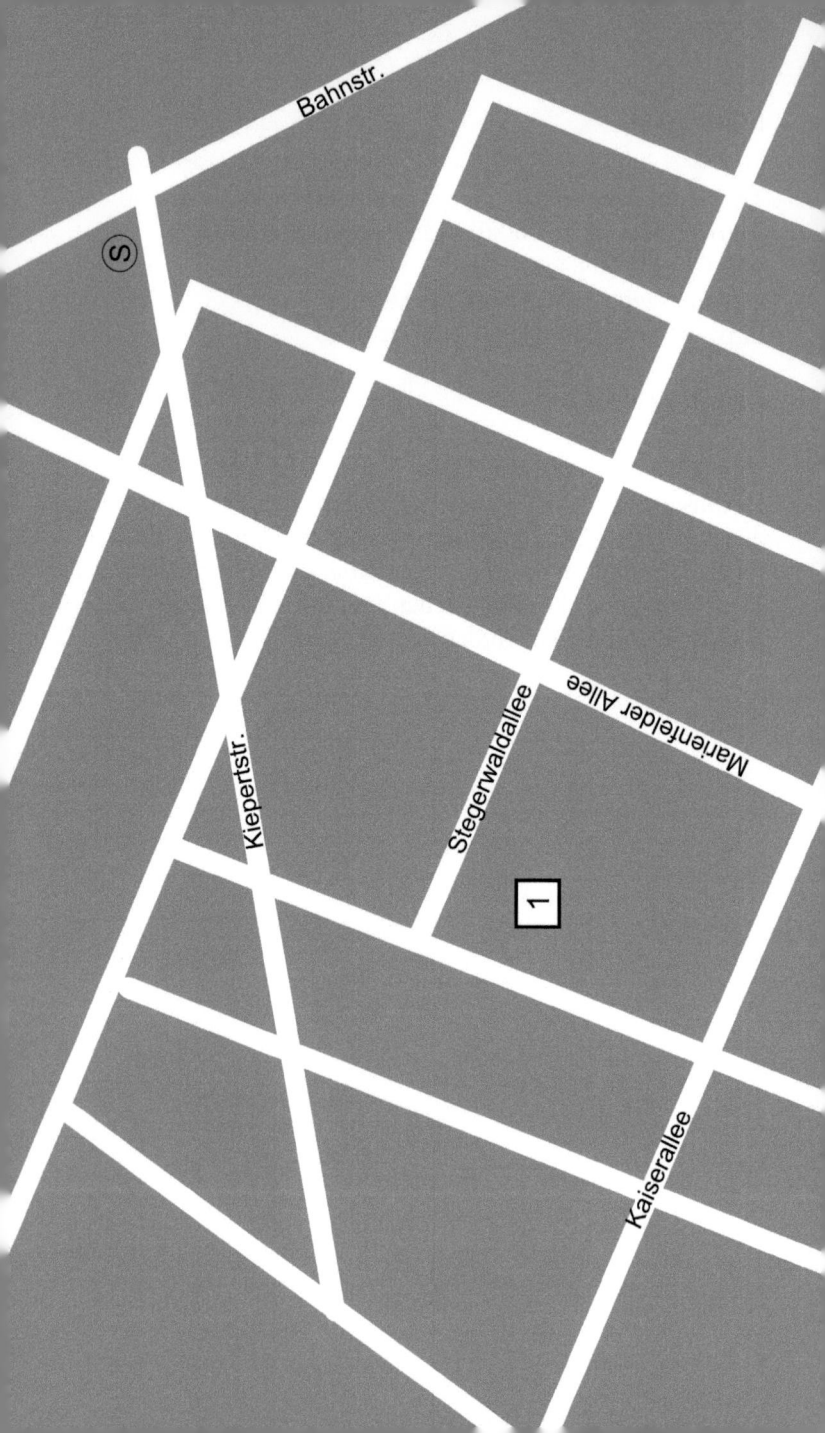

Marzahn

1.) Bezirksmuseum Marzahn-Hellersdorf
Alt-Marzahn 51 & 55, 12685 Berlin-Marzahn
Tel. 030/ 54 79 09 21
Öffnungszeiten: Mo.-Fr.
http://www.kultur-marzahn-hellersdorf.de

Eintritt frei!

Der Bezirk umfasst die Ortsteile Biesdorf, Hellersdorf, Kaulsdorf, Mahlsdorf und Marzahn. Zu diesen Orten präsentiert das Bezirksmuseum seine Forschungen. Die Besiedlung der Region vor knapp 11.000 Jahren bis in die heutige Zeit kann hier nachvollzogen werden. Das Museum ist in zwei Häuser unterteilt. Die Dorfschule auf dem Marzahner Anger beherbergt die Sonderausstellungen während Haus 2 die Dauerausstellung „Marzahn-Hellersdorf von den Anfängen bis 1970" zeigt.

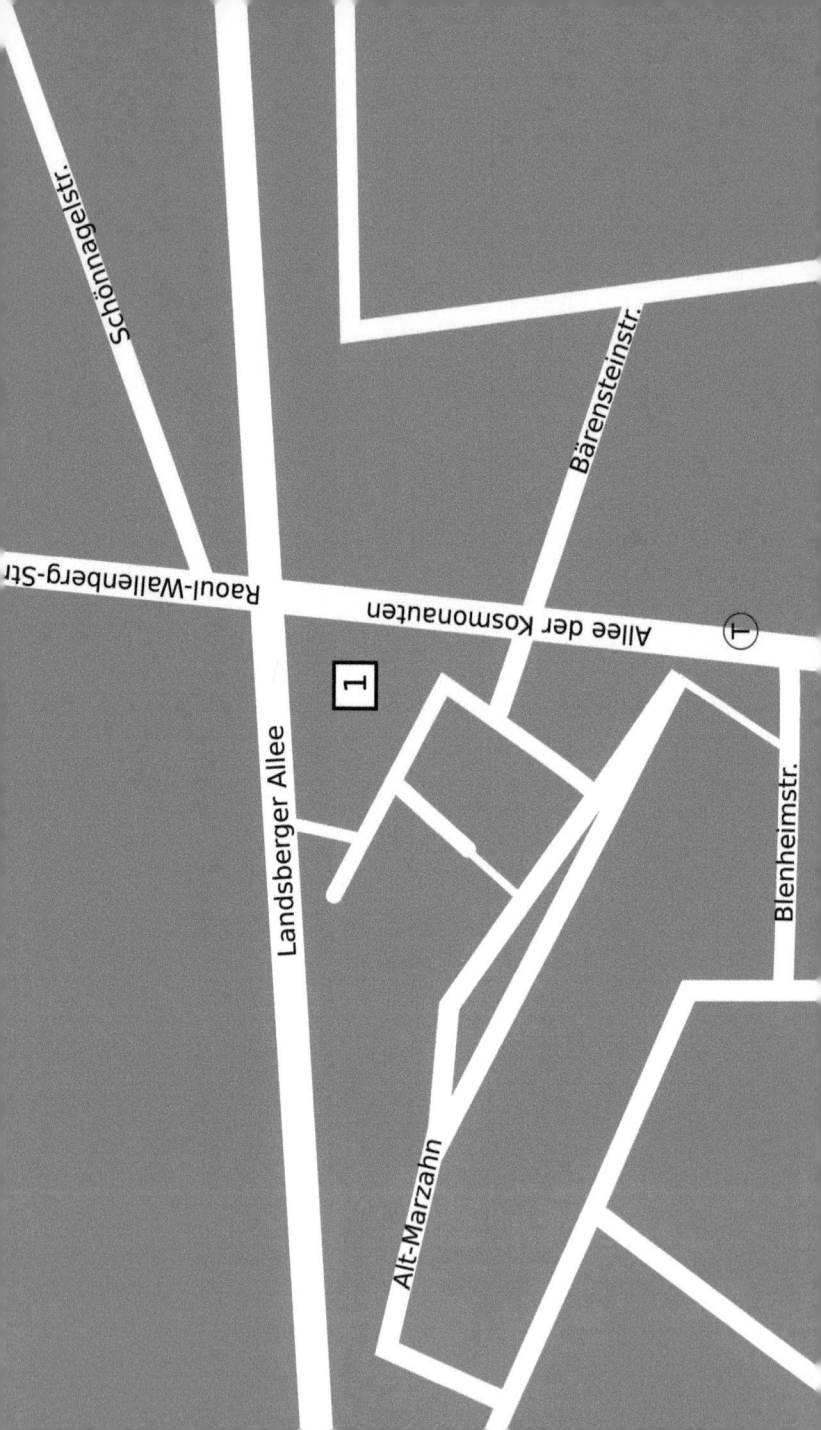

Mitte

1.) 1. Berliner DDR-Motorradmuseum
Rochstraße 14c, Berlin 10178-Mitte
Tel. 030/ 24045725
Öffnungszeiten: Mi.-Sa. 10.00-19.00, So. 11.00-19.00
http://www.erstesberliner-ddr-motorradmuseum.de

Zentral gelegen in den S-Bahnbögen nahe dem Alexanderplatz bietet das Museum eine Ausstellung praktisch aller jemals in der DDR produzierten Zweiradtypen. Untermalt wird sie mit einer kleinen Kino-Ecke wo die Besucher kleine Dokumentationen sehen können, auch werden Plakate und Schaubilder aus der jeweiligen Zeit ausgestellt.

2.) Akademie der Künste Berlin (Standort Mitte)
Pariser Platz 4, 10117 Berlin-Mitte
Tel. 030/ 200 57-1000
Ausstellungen & Öffnungszeiten: siehe Website
http://www.adk.de

Es ist das bedeutendste interdisziplinäre Archiv für Kunst und Kultur im deutschen Sprachraum. Veranstaltungen werden auf der Website bekannt gegeben. Zur Akademie gehören auch die Gedenkstätten Brecht-Weigel in Mitte und Anna-Seghers in Adlershof.

3.) Alte Nationalgalerie
Bodestraße 1-3, 10178 Berlin-Mitte
Tel. 030/ 266-424242
Öffnungszeiten: Di.-So. 10.00-18.00, Do. bis 20.00
http://www.smb.museum

Kinder unter 18 Jahren Eintritt frei.

Die Alte Nationalgalerie beherbergt die Antikensammlung und beschäftigt sich mit den Antiken Welten der Etrusker, Griechen und Römern. Das Gebäude liegt auf der Museumsinsel und gehört mit zu den wichtigsten Repräsentanten des Klassizismus.

4.) Altes Museum
Am Lustgarten, 10178 Berlin-Mitte
Tel. 030/ 266-424242
Öffnungszeiten: Di.-Do. 10.00-18.00, Do. bis 20.00
http://www.smb.museum

Kinder unter 18 Jahren Eintritt frei.

Über drei Etagen bietet das Haus einen umfassenden Überblick über die Kunst des 19. Jahrhunderts. Darunter befindet sich Adolph Menzels „Balkonzimmer", Skulpturen von Schadow und viele Werke von Max Liebermann. Auch Monet, Cézanne und Rodin dürfen nicht fehlen wie auch Caspar David Friedrich. Darüber hinaus würdigt das Museum den Architekten Karl Friedrich Schinkel als Landschaftsmaler.

5.) Anne Frank Zentrum
Rosenthaler Straße 39, 10178 Berlin-Mitte
Tel. 030/ 288865600
Öffnungszeiten: Di.-So. 10.00-18.00
Gruppen ab 10 Personen bitte anmelden.
http://www.annefrank.de

Kinder bis zum 10. Lebensjahr frei

Das Anne-Frank-Zentrum ist der Bibliographie Anne Franks und dem entsprechenden Zeitgeschehen gewidmet. Das Zentrum ist besonders empfehlenswert für jugendliche Besucher aufgrund seines speziellen pädagogischen Angebots. Im gleichen Haus befindet sich das Museum Blindenwerkstatt Otto Weidt und die Gedenkstätte Stille Helden.

6.) Berliner Dom
Am Lustgarten, Berlin-Mitte
Tel. 030/ 20269-136 Konzertkasse
Tel. 030/ 20269-164 Anmeldungen Domführungen
Öffnungszeiten: täglich 09.00-20.00
keine Besichtigungen während der Gottesdienste
http://www.berlinerdom.de

Der Berliner Dom ist die größte Kirche Berlins und liegt verkehrsgünstig in der Nähe des Alexanderplatzes, unmittelbar an der Museumsinsel. Als evangelisches Gotteshaus zieht er jährlich viele internationale Besucher an. Die Kurzführung ist im Eintritt inbegriffen und gibt einen guten Überblick über das Gebäude und seine Geschichte. Hier befindet sich auch die Gruft der Hohenzollern Die Zeiten der Kurzführung sind der Website zu entnehmen.

7.) Berliner Medizinhistorisches Museum (Charité)
Charitéplatz 1, 10117 Berlin-Mitte
Tel. 030/ 450536156
Öffnungszeiten: Di., Do., Fr., So. 10.00-17.00,
Mi. + Sa. 10.00-19.00
http://www.bmm-charite.de

NUR BARZAHLUNG!

Die Charité bietet dem Besucher in der Dauerausstellung „Dem Leben auf der Spur" einen Überblick über 300 Jahre Medizingeschichte. Beginnend im frühen 18. Jahrhundert wird anhand von historischen Exponaten und verschiedenen Krankheitsbildern der Stand der Medizin dargestellt. Hier kann der Besucher z.B. eine „Eiserne Lunge" sehen, die bei Kinderlähmung eingesetzt wurde. Die pathologisch-anatomische Sammlung mit ihren Feucht- und Trockenpräparaten ist nichts für schwache Nerven! In den Sonderausstellungen werden aktuelle Fragestellungen in der Medizin präsentiert.

Achtung: Fotografieren nicht erlaubt!

8.) Berliner Rathaus
Rathausstraße, 10178 Berlin-Mitte
Tel. 030/ 9026-2032
Öffnungszeiten: Mo.-Fr. 9.00-16.00 Uhr

Das berühmte „Rote Rathaus" von Berlin ist für Besucher täglich zur Besichtigung offen, es kann aber aus aktuellem Anlass zu kurzfristigen Schließungen kommen. Wer sichergehen will, kann sich vorher telefonisch erkundigen. Das Haus wurde 1869 fertig im Neo-Renaissancestil fertig gestellt und verfügt über drei Innenhöfe und einen 74m hohen Turm. Die meisten Besucher wählen den Säulensaal als einen der schönsten Räume des Hauses. Dort war früher die Bibliothek untergebracht, heute wird er hauptsächlich für Ausstellungen genutzt. Zu einem virtuellen Rundgang können Sie vorab hier aufbrechen: http://www.berlin.de/rbmskzl/

9.) Blindenwerkstatt Otto Weidt
Rosenthaler Straße 39, 10178 Berlin-Mitte
Tel. 030/ 28 59 94 07

Öffnungszeiten: täglich von 10.00-20.00,
E-Mail: info@museum-blindenwerkstatt.de
http://www.museum-blindenwerkstatt.de

Eintritt frei!

Führungen: kostenlos, sonntags 15.00 ohne Anmeldung. Angebotene Sprache: Englisch, Französisch, Hebräisch, Italienisch

Otto Weidt war ein Fabrikant bei dem hauptsächlich blinde und gehörlose Juden Bürsten und Besen herstellte. Weidt wurde sehr erfinderisch als seine Angestellten verfolgt und von der Deportation in Konzentrationslager bedroht wurden. Seine Werkstatt war oft der letzte Zufluchtsort. In dem noch original erhaltenen Hinterzimmer haben sich einige seiner Angestellten versteckt und wurden von ihm mit Nahrungsmitteln verfolgt. Später konnte er für einige von ihnen falsche Papiere besorgen und ihnen somit zur Flucht verhelfen. Anhand von persönlichen Gegenständen, Fotografien und Briefen zeichnet das Museum Lebensgeschichten nach und zeigt dabei sehr eindringlich was es bedeutete, an jedem Tag seines Lebens der Verfolgung ausgesetzt zu sein.

10.) Bode-Museum
Am Kupfergraben, 10117 Berlin-Mitte
Tel. 030/ 266424242
Öffnungszeiten: Di.-So., 10.00-18.00, Do. bis 20.00
http://www.smb.museum

Kinder unter 18 Jahren Eintritt frei.

Das Bode-Museum befindet sich auf der Museumsinsel und wurde bereits 1904 in Neobarockstil fertig gestellt. Damals hieß es noch Kaiser-Friedrich-Museum, die Umbenennung erfolgte 1956 zu Ehren des Museumsfachmannes Arnold Wilhelm von Bode. Das Gebäude ist der Landzunge im Wasser exakt angepasst und bietet eine spektakuläre Kulisse nach Einbruch der Dunkelheit. Nach sechsjähriger Renovierung wurde das Bode-Museum im Oktober 2006 wieder geöffnet und vereinigt seitdem die Skulpturensammlung, das Museum für Byzantinische Kunst, das Münzkabinett und Werke der Gemäldegalerie.

11.) Brecht-Weigel-Gedenkstätte
Chausseestr. 125, 10115 Berlin-Mitte
Tel. 030/ 20057-1844
Öffnungszeiten: nur mit Führung siehe Website
http://www.adk.de/de/archiv/gedenkstaetten/
gedenkstaetten-brecht-weigel.htm

In diesem Haus verbrachte Brecht zusammen mit seiner Ehefrau Helene Weigel die letzten Jahre bis zu seinem Tod 1956. Die Wohnung ist im Originalzustand und kann mit einer Führung besichtigt werden. Das Haus beherbergt auch das Helene-Weigel-Archiv.

12.) Centrum Judaicum (Neue Synagoge)
Oranienburger Str. 28/30, 10117 Berlin-Mitte
Tel. 030/ 88028-300
Öffnungszeiten:
April-September Mo.-Fr. 10.00-18.00, So. 10.00-19.00
Oktober-März So.-Do. 10.00-18.00, Fr. 10.00-15.00
http://www.cjudaicum.de

Kuppelbesuch von April-September möglich.

Das Centrum Judaicum befindet sich in der Neuen Synagoge die 1866 eingeweiht wurde, in der Kristallnacht 1938 vor dem völligen Ausbrennen gerettet werden konnte, aber schließlich den Bomben des Zweiten Weltkrieges kaum standhielt. In den Überresten des Gebäudes präsentiert das Centrum Judaicum die Dauerausstellung „Tuet auf die Pforten" mit der an das Synagogenleben der damaligen Zeit erinnert werden soll. Das Jahr über finden verschiedene Sonderausstellungen und Veranstaltungen statt.

13.) Dalí
Leipziger Platz 7, 10117 Berlin-Mitte
Tel. 0700/ 325 423 7
Öffnungszeiten: täglich 12.00-20.00,
Juli-August 10.00-20.00,
Führungen: 12.30, 15.30, 17.00, Englisch 14.00 und 18.30
http://www.daliberlin.de

Die Tickets können ohne Gebühren online gebucht werden.

Seit 2009, dem 20. Todesjahr von Dalí können in Berlin über 2.000 Werke bestaunt werden, die aus z.T. privaten Sammlungen aus der ganzen Welt zusammengetragen wurden. Dazu gehören neben Zeichnungen und Illustrationen auch dreidimensionale Objekte und Filme. Die Wer mehr über Dalí und seine Werke erfahren möchte, der kann die in der Ausstellung anwesenden „Dalí-Scouts" fragen, die auch stündlich öffentliche Führungen anbieten.

14.) DDR Museum
Karl-Liebknecht-Str. 1, 10178 Berlin-Mitte
Tel. 030/ 847 123 73 - 1
Öffnungszeiten: täglich 10.00-20.00, Sa. bis 22.00

http://www.ddr-museum.de

Das privat geführte DDR Museum widmet sich dem DDR Alltag jenseits der Aufklärung über die Stasi. Das Museum möchte zeigen, wie ein Leben in DDR für einen durchschnittlichen Bürger aus und auch in wie weit die Politik dieses Leben bestimmte und wie viel Einfluss der DDR-Bürger selbst hatte. Die interaktive Dauerausstellung „Geschichte zum Anfassen" lädt sie in die Küche eines Plattenbaus ein, zu einer virtuellen Rundfahrt im Trabbi und auch alle anderen Ausstellungsobjekte erzählen nur eine Geschichte, wenn sie ausprobiert werden.

15.) Denkmal für die ermordeten Juden Europas
Cora-Berliner-Straße 1, 10117 Berlin-Mitte
Tel. 030/ 26 39 43-0
http://www.stiftung-denkmal.de

Stelenfeld: Zugang 24h
Informationsort unter dem Stelenfeld:
April-Sept. Di.-So., 10.00-20.00; Okt.-März: Di.-So., 10.00-19.00; letzter Einlass 45 Min. vor Schließung.

Eintritt: frei!

Das Stelenfeld ist Deutschlands zentrale Holocaustgedenkstätte für die 6 Millionen während des Holocausts ermordeten Juden. Unter dem Feld befinden sich die Ausstellung zur Dokumentation der Vernichtung und Verfolgung der Juden Europas und die historischen Stätten der Verbrechen.

16.) Deutscher Dom
Gendarmenmarkt 1-2, 10117 Berlin -Mitte
Öffnungszeiten: Di.-So. + Feiertage 10.00-18.00
http://www.bundestag.de/deutscherdom

Eintritt: frei!

Führungen: täglich 11.00-17.00, max. 10 Personen, auch in Englisch und Französisch, Gruppen bitte anmelden.

Die Bezeichnung umfasst mittlerweile den gesamten Gebäudekomplex, denn als Dom hatte er nie eine sakrale Funktion, es handelt sich um einen Kuppelturm neben der Deutschen Kirche. Der Deutsche Dom befindet sich am Gendarmenmarkt gegenüber dem Französischen Dom (Hugenottenmuseum) und beherbergt die Ausstellung des Deutschen Bundestages: „Wege, Irrwege, Umwege. Die Entwicklung der parlamentarischen Demokratie in Deutschland"

17.) Deutsches Currywurst-Museum
Schützenstraße 70, 10117 Berlin-Mitte
Tel. 030/ 88718647
Öffnungszeiten: täglich 10.00-18.00
http://www.currywurstmuseum.de

Bis 6 Jahre Eintritt frei.

Wie fühlt es sich an, in der Currywurst-Bude zu arbeiten? Hier können Sie es ausprobieren. Dabei erfahren Sie auch noch alles über Gewürze, Rezepte, die Geschichte und Wandlung rund um die Currywurst wie auch Ihren ganz persönlichen Currytypen.

18.) Deutsches Historisches Museum
Unter den Linden 2, 10117 Berlin-Mitte
Tel. 030/ 20304-444
Öffnungszeiten: 10.00-18.00
http://www.dhm.de

Kinder unter 18 Jahren freier Eintritt.

Das Zeughaus von 1695, das älteste Gebäude Unter den Linden, ist Sitz des Deutschen Historischen Museums, bis September 1990 hatte die DDR hier das Museum für Deutsche Geschichte geführt. Das Konzept des Museums ist die "Aufklärung und Verständigung über die gemeinsame Geschichte von Deutschen und Europäern". Das alte Gebäude wurde mit einem spektakulären Neubau erweitert und dokumentiert über mehrere Etagen die Geschichte vom 1. Jahrhundert vor der heutigen Zeitrechnung bis 1994. Interessante Sonderausstellungen runden das Angebot ab.

19.) Deutsches Spionagemuseum Berlin
Leipziger Platz 9, 10117 Berlin-Mitte
Tel. 030/ 39 8200 45-1
Öffnungszeiten: täglich 10.00-20.00
http://www.deutsches-spionagemuseum.de

Führungen Sa. und So. um 16.00, Englisch 15.00

Berlin, die Hauptstadt der Spionage per excellence, hat nun einen zentralen Ausstellungsort für interessierte Bürger. Technisch höchst erstaunlich, aber auch skurril und aberwitzig waren zum Teil die Unternehmungen zur Informationsbeschaffung. Ein sehr kurzweiliger Besuch!

20.) Ephraim-Palais
Poststr. 16, 10178 Berlin-Mitte
Tel. 030/ 24 00 21 62
Öffnungszeiten: Di.-So. 10.00-18.00, Mi. 12.00-20.00
http://www.stadtmuseum.de/ephraim-palais

Jeden 1. Mittwoch im Monat freier Eintritt für alle.

Untergebracht in einem prunkvollen Eckgebäude nahe dem Alexanderplatz bietet das Museum auf drei Stockwerken wechselnde Sonderausstellungen zur Berliner Kunst- und Kulturgeschichte.

21.) Forum Willy Brandt
Unter den Linden 62-68, 10117 Berlin-Mitte
Tel. 030/ 787707 - 0
Öffnungszeiten: Di.-So. 10.00-18.00
Kostenlose Führung Sa. + So. 13.00
http://www.willy-brandt.de

Eintritt frei!

Willy Brandt war nicht nur Bundeskanzler, er hat sich außerhalb seines Amtes eingesetzt für Versöhnung, den Nord-Süd-Dialog sowie die Vereinigung Europas. Das Forum bildet einen Ort politischer Bildung für das 20. Jahrhundert. Neben Ausstellungen zu Willy Brandt, seiner Biographie und sein Werk finden im Forum auch Lesungen, Vorträge, Seminare und Podiumsdiskussionen statt.

22.) Friedrichswerdersche Kirche
Werderscher Markt, 10117 Berlin-Mitte
http://www.smb.museum/fwk

Die Kirche ist derzeit aufgrund von Bauschäden geschlossen. Näheres auf der Website.

23.) Gedenkstätte Stille Helden
Rosenthaler Straße 39, 10178 Berlin-Mitte
Tel. 030/ 23457919 /-29
Öffnungszeiten:
Mo.-Mi. 09.00-18.00, Do. 09.00-20.00, Sa.-So. 10.00-18.00
http://www.gedenkstaette-stille-helden.de

Eintritt frei!

Neben der Blindenwerkstatt von Otto Weidt befindet sich diese Gedenkstätte, die an jene Menschen erinnert, die den Mut fanden, verfolgten Juden in der NS-Diktatur beizustehen. Einige Juden entzogen sich den Deportationen in den sicheren Tod durch ein Leben im Untergrund. Dies konnten sie aber nur mit Hilfe dieser stillen Helden überleben, deren Hilfsformen und Motivationen die Gedenkstätte nachgeht. Sie dokumentiert auch, dass nicht jeder Rettungsversuch glückte.

24.) Hanf Museum Berlin
Mühlendamm 5, 10178 Berlin-Mitte
Tel. 030 / 242 48 27
Öffnungszeiten: Di.-Fr. 10.00-20.00, Sa.-So.: 12.00-20.00
http://www.hanfmuseum.de

Was das Hanfmuseum so außergewöhnlich macht ist allein schon die Tatsache, dass es auf der ganzen Welt nur vier seiner Art gibt und das einzige deutsche ist dieses hier. Auf ca. 300 m² können die Besucher sich rund um das Thema Hanf informieren. Hier wird auch eine Hanf-Rechtsberatung angeboten.

25.) Heinrich-Zille-Museum
Propststraße 11, 10178 Berlin-Mitte (Nikolaiviertel)
Tel. 030/ 246 32 500
Öffnungszeiten: täglich 11.00-18.00
http://www.zillemuseum-berlin.de/

Heinrich Zille ist wohl einer der bekanntesten Künstler der Stadt Berlin. Mit seinen Zeichnungen und Grafiken zeigte er das Leben in Berliner Hinterhöfen um die Jahrhundertwende. Weniger bekannt ist er als Fotograf. Das Museum zeigt Ausschnitte aus dem Leben und Werken des Künstlers.

26.) Historischer Hafen Berlin
Märkisches Ufer / Inselstr., Berlin-Mitte
Tel. 030/ 214 732 57
Öffnungszeiten: im Sommer Sa. 14.00-17.00
http://www.historischer-hafen-berlin.de/ausstellung.html

Mit der kleinen Ausstellung „Schiffsmodelle" zeigt der Verein Berlin-Brandenburgische Schifffahrtsgesellschaft e.V. verschiedene Typen und Modelle aus unterschiedlichen Zeiten und Staaten. Die Ausstellung befindet sich im Museumskahn „Renate-Angelika" im Hafen.

27.) Hugenottenmuseum im Französischen Dom
Gendarmenmarkt 5, 10117 Berlin-Mitte
Tel. 030/ 229 17 60
http://www.hugenottenmuseum-berlin.de/

Derzeit wegen Renovierung geschlossen. Eröffnungstermin 2019 siehe Website.

Als die protestantischen Hugenotten Ende des 17. Jahrhundert in Frankreich verfolgt wurden fanden Sie in Berlin Zuflucht. Zu Beginn des 18. Jahrhunderts wurde für sie die Französische Friedrichstadtkirche gebaut und ca. 80 Jahre später als Anbau der Kuppelturm, der heute als Französischer Dom eines der Wahrzeichen des Gendarmenmarktes darstellt. Im Erdgeschoss befindet sich das Museum, das die Geschichte der Hugenotten in Berlin und Brandenburg erzählt

28.) Humboldt-Box
Schlossplatz, 10178 Berlin-Mitte

Mit der für 2019 geplanten Eröffnung des Stadtschlosses erlischt die Mission der Humboldt-Box, ihre Existenz war von Anfang an nur bis 31.12.2018 geplant.

29.) Humboldt-Forum
Schloßpl. 1, 10178 Berlin
https://www.humboldtforum.com

Das Humboldt-Forum im Berliner Schloss wird 2019 seine Pforten öffnen. Hier werden auch die Sammlungen des Ethnologischen Museums und des Museums für Asiatische Kunst der Staatlichen Museen zu Berlin zukünftig zu sehen sein.

Details bitte der Website entnehmen.

30.) KW Institute for Contemporary Art,
Kunst-Werke Berlin e.V.
Auguststraße 69, 10117 Berlin-Mitte
Tel. 030/ 24 34 59-0

Öffnungszeiten: Mi.-Mo. 11.00-19.00, Do. bis 21.00
http://www.kw-berlin.de

freier Eintritt donnerstags 18.00-21.00

Die Kunstwerke (KW) Institute for Contemporary Art versteht sich als Institution für zeitgenössische Kunst ohne eigene Sammlung; sie zeigt die jüngsten Entwicklungen in der nationalen und internationalen zeitgenössischen Kultur. In Kooperation mit Künstlern und Institutionen sowie durch Auftragsarbeiten leistet KW einen aktiven Beitrag zur Weiterentwicklung.

31.) Knoblauchhaus
Poststr. 23, 10178 Berlin-Mitte
Tel. 030/ 24 002-162
Öffnungszeiten: Di.-So. 10.00-18.00
http://www.stadtmuseum.de

Eintritt frei! Spenden erbeten

Nur noch wenige Bürgerhäuser des 18. Jahrhunderts sind in Berlin erhalten. In diesem wohnte die Familie Knoblauch. Die Wohnräume zeigen das Leben, die Wirtschaft und Kultur der Biedermeierzeit.

32.) Madame Tussaud's Berlin
Unter den Linden 74, 10117 Berlin-Mitte
Tel. 0180-6-54 58 00
Öffnungszeiten: 10.00-19.00
http://www.madametussauds.com/berlin/default.aspx

Das Wachsfigurenkabinett von Madame Tussaud ist weltberühmt und die Berliner Dependance steht dem Londoner Original in Nichts nach. Nach einem Besuch bei Angela Merkel und Albert Einstein können Sie einen Blick hinter die Kulissen werfen und einen Einblick bekommen, wie eine Wachsfigur entsteht.

33.) Märkisches Museum (Geschichte Berlins)
Am Köllnischen Park 5, 10179 Berlin-Mitte
Tel. 030/ 24002-162
Öffnungszeiten: Di.-So. 10.00-18.00
http://www.stadtmuseum.de

Kinder unter 18 Jahre freier Eintritt.
Jeden 1. Mittwoch im Monat Eintritt frei für alle.

Wer hätte gedacht, dass Berlin bis Anfang des 19. Jahrhunderts eher ein verschlafenes Residenzstädtchen war? Stadtgeschichte von Anfang an mit vielen historischen Exponaten, dies und mehr erwartet den Besucher des Märkischen Museums. Der zum Ende des 19. Jahrhunderts begonnene Bau spiegelt die in der Mark Brandenburg typische Bauweise wider.

34.) MeMu Menschen Museum
Fernsehturm am Alexanderplatz
Panoramastraße 1a, 10178 Berlin-Mitte
Öffnungszeiten: Mo.-So. 10.00-19.00
http://www.memu.berlin/

Seine Wanderausstellung „Körperwelten" hat dem Gründer viel Öffentlichkeit aber auch kontroverse Diskussionen bis hin zu Anfeindungen beschert. Sein Museum versteht sich als

Ort, wo wir in das Innere des Körpers schauen und seine Einzigartigkeit wie auch seine Verwundbarkeit sehen können. Im Gegnsatz zur Wanderausstellung will das Musum mehr als nur Exponate zeigen. Es will vermitteln zwischen der Wissenschaft und den interessierten Laien. Die Exponate zeigen sowohl „Innenansichten", wie auch Körper in alltäglichen Situationen. Für Lehrer und Eltern bietet das Museum auf seiner Website einen Leitfeiden an. Eine Alterempfehlung gibt es nicht.

35.) Mendelssohn Remise
Jägerstraße 51, 10117 Berlin-Mitte
Tel. 030/ 817 047 26
Öffnungszeiten: täglich 12.00-18.00
http://www.jaegerstrasse.de

Eintritt frei! Spenden erbeten

Dieses ehemalige Bürgerhaus war der Lebensmittelpunkt der Familie Mendelssohn, die zu den wenigen Juden gehörte, die es geschafft hatte, gesellschaftlich aufzusteigen. Bekannt und geschätzt waren sie auch wegen ihres sozialen und künstlerischen Engagements und Gründungen von Stiftungen und Sozialwerken. Nachdem das Haus 1938 liquidiert wurde, war es zunächst Sitz des Reichsfinanzministeriums, später in der DDR war die Remise als Autowerkstatt genutzt worden. Obwohl das Haus Nr. 51 im Krieg unversehrt geblieben war, wurde es dennoch in seiner historischen Struktur zerstört und zwar durch die Umbauarbeiten von Max Taut 1948. Nach der Wiedervereinigung wird das Haus an die Erben Mendelssohn zurück übertragen, die es schließlich veräußern. Die Mendelssohn-Gesellschaft e.V. veranstaltet an diesem Ort kulturelle Veranstaltungen und zeigt das Leben und Wirken der Familie über mehrere Jahrhunderte. Modern, mit einer Medienstation ausgestattet, bietet sich den Besuchern im Vorraum die Möglichkeit, Kompositionen bzw. Interviews mit Nachfahren anzuhören.

36.) Mori-Ôgai-Gedenkstätte
Luisenstr. 39, 10117 Berlin-Mitte
Tel. 030/ 282-6097
Öffnungszeiten: Mo.-Fr. 10.00-14.00
https://www.iaaw.hu-berlin.de/de/region/ostasien/
seminar/mori/kontakt

In der ehemaligen Wohnung, die der japanische Arzt, Dichter, Übersetzer und Kritiker Mori Ôgai (Mori Rintaro) während seines Studienaufenthaltes zwischendurch im Jahr 1887 bewohnte, befindet sich heute ihm zu Ehren eine Gedenkstätte. Vor Ort befinden sich ein eingerichtetes Zimmer mit Möbeln der damaligen Zeit, Vitrinen mit Fotos und Dokumenten sowie eine kleine Handbibliothek. Weitere Werke können digital eingesehen werden.

37.) Museum der Illusionen
Karl-Liebknecht-Str. 9, 10178 Berlin-Mitte
Tel. 030/ 2578 4117
Öffnungszeiten: täglich 10.00-20.00
https://berlin.museumderillusionen.de/

Trauen Sie Ihren Augen nicht! Hologramme, optische Täuschungen und jede Menge Verwirrung bietet dieses Museum seinen Besuchern. Quasi ein Abenteuerspielplatz für Ihr Gehirn.

38.) Museum für Gegenwart im Hamburger Bahnhof
Invalidenstraße 50-51, 10557 Berlin-Mitte
Tel.: 030/ 266424242
Öffnungszeiten: Di.-Fr. 10.00-18.00, Do. bis 20.00, Sa.+So. 11.00-18.00
http://www.smb.museum/museen-und-einrichtungen/hamburger-bahnhof/home.html

Kinder unter 18 Jahre freier Eintritt.

Vom Hamburger Bahnhof fuhren einmal die Züge von Berlin nach Altona, so ergaben sich große Ausstellungsflächen mit flexiblem Grundriss, wo regelmäßig Kunstwerke der Christian Flick Collection mit ihren zeitgenössischen europäischen und nordamerikanischen Exponaten in Abwechslung mit thematischen Sonderausstellungen gezeigt werden. Das Ausstellungsprogramm ist abwechslungsreich und manchmal schon durchaus avantgardistisch. Der Hamburger Bahnhof traut sich was. Die gastronomische Begleitung ist auch von Weltklasse: Sarah Wiener lädt ein zur innovativen deutsch-österreichischen Küche und diversen Kleinigkeiten im Museums-Café.

39.) Museum für Kommunikation Berlin
Leipziger Straße 16, 10117 Berlin-Mitte
Tel. 030/ 202 94 0
Öffnungszeiten: Di.-Fr. 09.00-17.00, Di. bis 20.00, Sa., sonn- und feiertags 10.00-18.00
http://www.mfk-berlin.de

Kinder unter 18 Jahre freier Eintritt.

Das Museum ist außergewöhnlich im Hinblick auf seine Sammlungen. Die Museumsstiftung Post und Telekommunikation hat hier einen interdisziplinären Ausstellungsort geschaffen, der seinesgleichen sucht. Die Sammlungen umfassen wesentlich mehr Exponate als gezeigt werden können, schließlich fing man schon 1872 im Rahmen des Reichspostmuseums damit an, wenn sie auch im Krieg einen großen Teil der Exponate durch Bombenangriffe verlor. Die folgende Trennung Deutschlands tat dem dann auf Ost- und Westdeutschland aufgeteilte Museum keinen Abbruch. Nach der Wiedervereinigung kam es zurück an seinen ersten Standort und die unterschiedlichen Entwicklungen in beiden Teilen Deutschlands hatten das Archiv enorm bereichert. Neben Fotos, Dokumenten, Kunst und historischen Apparaten befindet sich auch die berühmteste Briefmarke der Welt in diesem Museum: die blaue Mauritius.

40.) Museum für Naturkunde
Invalidenstraße 43, 10115 Berlin-Mitte
Tel. 030/ 2093-8591
Öffnungszeiten: Di.- Fr. 9.30-18.00, Sa., So. + Feiertage 10.00-18.00
https://www.museumfuernaturkunde.berlin

Vorschulkinder freier Eintritt.

Dieser Berliner Publikumsmagnet ist ein Ort zum Anfassen. Neben den für Naturkunde-Museen typischen Ausstellungen der Tiere und Pflanzen werden hier auf moderne Weise und interaktiv auch der Kosmos und neueste Forschungsergebnisse vorgestellt. Wie funktioniert Evolution? Was hat die Büroklammer mit der DNA zu tun? Wie wird präpariert? Zusätzlich bietet das Museum regelmäßig wechselnde Sonderausstellungen an.

41.) Museumsinsel
Auf einer Spreeinsel gelegen vereinigen sich hier fünf Museen in historischen Gebäuden zu einer außergewöhnlichen Kulturlandschaft, die jedes Jahr viele Besucher anzieht:
- Alte Nationalgalerie
- Altes Museum
- Bode-Museum
- Neues Museum
- Pergamonmuseum

Sie gehören alle zu den Staatlichen Museen Berlin. 2003 wurde die Museumsinsel in das Weltkulturerbe der UNESCO aufgenommen.

Kombiticket Museumsinsel: im jeweiligen Museum erhältlich

42.) Neues Museum
Am Kupfergraben / Museumsinsel, 10117 Berlin-Mitte
Tel. 030/ 266424242
Öffnungszeiten: täglich 10.00-18.00, Do. bis 20.00
E-Mail: service@smb.museum
http://www.neues-museum.de

Kinder bis 18 Jahre freier Eintritt.

Die Nofretete ist nicht die einzige, die dem Museum einen großen Besucheransturm beschert, auch das Gebäude selber ist sehr interessant. Gebaut nach den Plänen von Friedrich August Stüler wurde es im Zweiten Weltkrieg sehr beschädigt und erst Ende 2009 wiedereröffnet. Seitdem befinden sich unter seinem Dach das Ägyptische Museum mit der Papyrussammlung, und das Museum für Vor- und Frühgeschichte mit der Antikensammlung. Dabei gehen die Bereiche fließend in einander über. Der Besucher kann anhand der außergewöhnlichen Exponate tief in die Anfänge der Menschheitsgeschichte eintauchen. Dazu verhelfen ihm z.B. die Sammlung Schliemanns „Trojanische Altertümer" oder aber die „Sammlung der Amarna-Kunst".

43.) Nikolaikirche
Nikolaikirchplatz, 10178 Berlin-Mitte
Tel. 030/ 24 002-162
Öffnungszeiten: Mo.-So. 10.00-18.00
http://www.stadtmuseum.de/nikolaikirche

Kinder bis 18 Jahre freier Eintritt.
Am 1. Mittwoch im Monat Eintritt frei für alle.

Die Kirche wird seit 1939 nicht mehr für religiöse Zwecke genutzt und ab 1987 wurde sie zum Museum erklärt. In der langjährigen Tradition des Gebäudes findet man die Kirche immer wieder als Ort des bürgerlichen Engagements. Hier fanden bereits vor 200 Jahren Versammlungen des Stadtparlamentes statt und auch das erste frei gewählte Gesamtberliner Abgeordnetenhaus konstituierte sich hier 1991. In einer Dauerausstellung („Vom Stadtgrund bis zur Doppelspitze") wird nicht nur die Geschichte der Kirche dargestellt, sondern auch die des sie umgebenden Nikolaiviertels. Die Kirche ist auch ein beliebter Veranstaltungsort, regelmäßig finden hier Konzerte statt wie z.B. auch "Der Wochenausklang mit Orgelmusik".

44.) Nineties Berlin
Molkenmarkt 2, 10179 Berlin-Mitte
Tel. 030/ 549 082 43 -3

Öffungszeiten: täglich 10.00-20.00
https://nineties.berlin/de

Das legendäre Berlin der 90er Jahre wurde hier zum Nachleben festgehalten. Nach dem Mauerfall galt Berlin als das Dorado der unendlichen Möglichkeiten, die viele von ihnen wahrnahmen. In jenem Jahrzehnt entstand auch eine einzigartige Clubkultur, in einer Stadt, die sich rasant veränderte.

45.) Ottobock Science Center Berlin
Ebertstraße 15A, 10117 Berlin-Mitte
Tel. 030/ 39 82 06-0
http://www.sciencecenterberlin.de

Das Science Center ist vorübergehend geschlossen und soll zum 100. Jubiläum von Otto Böck 2019 wieder öffen.

„Begreifen, was uns bewegt." Das ist das zentrale Thema der Dauerausstellung. Ottobock ist ein internationaler Hersteller von Hilfsmitteln, die die Mobilität von körperbehinderten Menschen verbessert bzw. wiederherstellt. Mit dem Science Center Berlin gibt die Firma Einblicke in die Welt der persönlichen Mobilität. Anfassen und Ausprobieren ist dabei ausdrücklich erwünscht. Die Besucher bekommen einen Eindruck davon, wie es sich anfühlt, mit dem Rollstuhl durch Berlin zu fahren oder lernen, wie der Gleichgewichtssinn funktioniert. Besonders interessant ist auch die Weiterentwicklung der herkömmlichen Prothesen: heute können sie bereits mit Gedanken gesteuert werden. Natürlich die Ausstellung barrierefrei!

46.) Palais Populaire by Deutsche Bank
Unter den Linden 5, 10117 Berlin-Mitte

Tel. 030/ 20 20 93 0
Öffnungszeiten: täglich 10.00-19.00, Do. -21.00
Kostenlose Führungen: Mo. 11.00-19.00

Montags freier Eintritt für alle!

Hinter den Rokokofassaden des Prinzessinnenpalais, direkt neben der Oper, bündelt die Deutsche Bank seit Ende 2018 ihre Aktivitäten in den Bereichen Kunst, Kultur und Sport. Aus diesem Grund wurde der Standort einige Meter weiter an der Charlottenstraße aufgegeben, die Deutsche Bank Kunsthalle. Das Palais Populaire lädt sowohl zu spannenden Ausstellungen wie auch zu Kaffee und Kuchen im ehemaligen Operncafé ein.

47.) Pergamonmuseum
Bodestraße 1-3, 10178 Berlin-Mitte
Tel.: 030/ 266424242
Öffnungszeiten: täglich 10.00-18.00, Do. bis 20.00
http://www.smb.museum/museen-und-einrichtungen/pergamonmuseum/

Bis 2019 wird das Museum saniert. Teilbereiche sind geschlossen -> siehe Website

Das Museum ist weltbekannt durch beeindruckende Rekonstruktionen des Pergamonaltars, des Markttor von Milet und dem Ischtar-Tor mit der Prozessionsstraße von Babylon. Es beherbergt die Antikensammlung, das Vorderasiatische Museum und das Museum für Islamische Kunst. Es ist ratsam, die Tickets im Internet zu kaufen um langes Anstehen zu vermeiden.

48) Pergamonmuseum. Das Panorama.
Am Kupfergraben 2, 10117 Berlin-Mitte
Tel.: 030/ 266424242
Öffnungszeiten: täglich 10.00-18.00, Do. bis 20.00
https://www.smb.museum/museen-und-einrichtungen/pergamonmuseum-das-panorama/home

Diese Fläche ist für mittelfristige Nutzung gedacht, bis 2024. Die erste Ausstellung wurde im November 2018 eingeweiht (PERGAMON. Meisterstücke der antiken Metropolis, 360° panorama von Yadegar Asisi).

49.) Sammlung Boros
Bunker, Reinhardtstr. 20, 10117 Berlin-Mitte
Öffnungszeiten: Do. 15.00-18.00, Fr.-So. 10.00-20.00
http://www.sammlung-boros.de

Besuch nur mit Führung möglich (siehe Website).

Die Sammlung ist beeindruckend und der Ort erst recht! Im denkmalgeschützten „Reichsbahnbunker Friedrichstraße" zeigt der private Sammler Christian Boros seine zeitgenössischen Kunstwerke. Der Besuch ist nur mit Führung möglich (Deutsch und Englisch), die über die Website gebucht werden muss und am besten mit mehreren Wochen Vorlaufzeit.

50.) Sammlung Hoffmann
Sophie-Gips-Höfe, Aufgang C, Sophienstraße 21, 10178 Berlin-Mitte
Tel. 030/ 28 49 91 20
Öffnungszeiten: Sa. 11.00-16.00 Uhr mit Anmeldung
http://www.sammlung-hoffmann.de

Die private Sammlung von Erika und Rolf Hoffmann wurde 1968 angelegt und befindet sich in der privaten Wohnung von Erika Hoffmann, die sie samstags nach Voranmeldung für Besucher öffnet. Die Führung orientiert sich an Wünschen und Interessen der Besucher, Diskussion ist ausdrücklich erwünscht. Jedes Jahr im Juli werden die Kunstwerke ausgetauscht und neu kuratiert.

51.) Sammlung des Winckelmann-Instituts
Unter den Linden 6, Raum 3097-3100, 10099 Berlin
Öffnungszeiten: auf Anfrage
Tel. 030/ 20 93-98 130
http://winckelmann-institut.hu-berlin.de

Eintritt: frei!

Die Sammlung des Winckelmann Instituts setzt sich zusammen aus Lehrmitteln der Klassischen Archäologie. Von den großartigen Depots ist aus Platzgründen nur ein Ausschnitt für die Öffentlichkeit zugänglich. Im Foyer, im Raum für die Kleinkunstsammlung und im minoisch-mykenischen Saal sind Objekte zu besichtigen.

52.) Stiftung Olbricht im Me Collector's Room
Auguststraße 68, 10117 Berlin-Mitte
Tel. 030/ 30 86 00 85-10
Öffnungszeiten: Mi.-Mo. 12.00-18.00
http://www.me-berlin.com

Kinder unter 18 Jahren und ALG2-Empfänger Eintritt frei

Vielen ist die Stiftung Olbricht bekannt durch die Wunderkammer, ein Konzept der Renaissance und des Barock, als man Sammlungsräume mit Kostbarkeiten aus fernen Ländern, wissenschaftlichen Geräten und unerklärlichen Dingen erschuf. Die Berliner Wunderkammer zeigt ca. 200 „unglaubliche" Exponate der Vergangenheit wie z.B. den Kokosnuss-Pokal von Alexander von Humboldt. Die Wunderkammer nimmt aber nur einen kleinen Teil der Ausstellungsräume in Anspruch. Auf den restlichen Flächen werden wechselnde Ausstellungen mit zeitgenössischen Werken der Olbricht Collection und anderen privaten Kunstsammlungen gezeigt.

53.) Tchoban Foundation
Christinenstraße 18 a, 10119 Berlin-Mitte
Tel. 030/ 43 73 90 90
Öffnungszeiten: Mo.-Fr. 14.00-19.00, Sa.-So. 13.00-17.00
http://www.tchoban-foundation.de

In einer Zeit, wo Handzeichnungen keinen Platz mehr in der architektonischen Planung haben und Zeichnen als Pflichtfach die Universitäten verlassen hat, gründet der passionierte Zeichner und Sammler Tchoban seine Stiftung. Er will das Interesse an Handzeichnungen wieder wecken und seine Sammlung nicht nur der interessierten Öffentlichkeit, sondern auch dem talentierten Architektennachwuchs zum Studium zur Verfügung stellen.

54.) The Kennedys
Auguststraße 11-13, 10117 Berlin-Mitte
Tel. 030/ 20 65 35 70
Öffnungszeiten: Di.-Fr. 10.00-18.00, Sa.-So. 11.00-18.00
http://www.thekennedys.de

Für die USA waren die Kennedys so etwas wie die Königliche Familie, die schon sehr früh sich medienbewusst zu inszenieren wusste. Erst waren es Fotografien, später das Fernsehen. Die Sammlung zeigt anhand von Fotos, Dokumenten und persönlichen Gegenständen die Familie privat und politisch mit ihren Höhen und Tiefen. Berlin ist wohl der Ort im Ausland, wo der Name Kennedy eine ganz besondere Bedeutung hat: John F. Kennedy stand am 26. Juni 1963 vor der jubelnden Masse am Schöneberger Rathaus und sprach die berühmten Worte „Ich bin ein Berliner".

55.) Tieranatomisches Theater
Philippstr. 12/13, Haus 3, 10115 Berlin-Mitte
Tel. 030/ 20 93-466 25
Öffnungszeiten: Di.-Sa. 14.00-18.00
http://www.kulturtechnik.hu-berlin.de

Eintritt: frei!

Es handelt sich bei dem tieranatomischen Theater um das älteste noch erhaltene Lehrgebäude Berlins. Es wurde 1790 von der Tierarzneischule eingeweiht. Es diente der Erforschung von Pferdekrankheiten zur Verbesserung der Preußischen Kavallerie und Bekämpfung von Tierseuchen. Der Hörsaal erinnert an ein antikes Amphitheater. Hier konnten die Studenten der Untersuchung von Tierkadavern beiwohnen. Seit 2012 wird das denkmalgeschützte Gebäude nach 7-jähriger Restaurierungsphase für Veranstaltungen verschiedener Art genutzt.

Die Dauerausstellung befasst sich mit dem Gebäude selbst und der Architektur- und Wirtschaftsgeschichte, während die Sonderausstellungen außergewöhnliche Themen mit Bezug zur Gegenwart beleuchtet.

56.) "Tränenpalast" - Haus der Geschichte
S-Bahnhof Friedrichstraße, Reichstagsufer 17, 10117 Berlin
Tel. 030/ 46 77 77 9-11
Öffnungszeiten: Di.-Fr. 09.00-19.00, Sa.-So. feiertags 10.00-18.00
E-Mail: berlin@hdg.de
http://www.hdg.de/traenenpalast

Eintritt frei!

Der „Tränenpalast" war das Tor in den Westen am Grenzübergang Bahnhof Friedrichstraße. Hier mussten sich die West-Bürger verabschieden, wenn sie wieder nach Hause fuhren. Mit der Dauerausstellung „Grenz-Erfahrungen. Alltag der deutschen Teilung" wird gezeigt, wie die Teilung das Leben der Deutschen beeinflusste und auch die Teiletappen der Deutschen Wiedervereinigung.

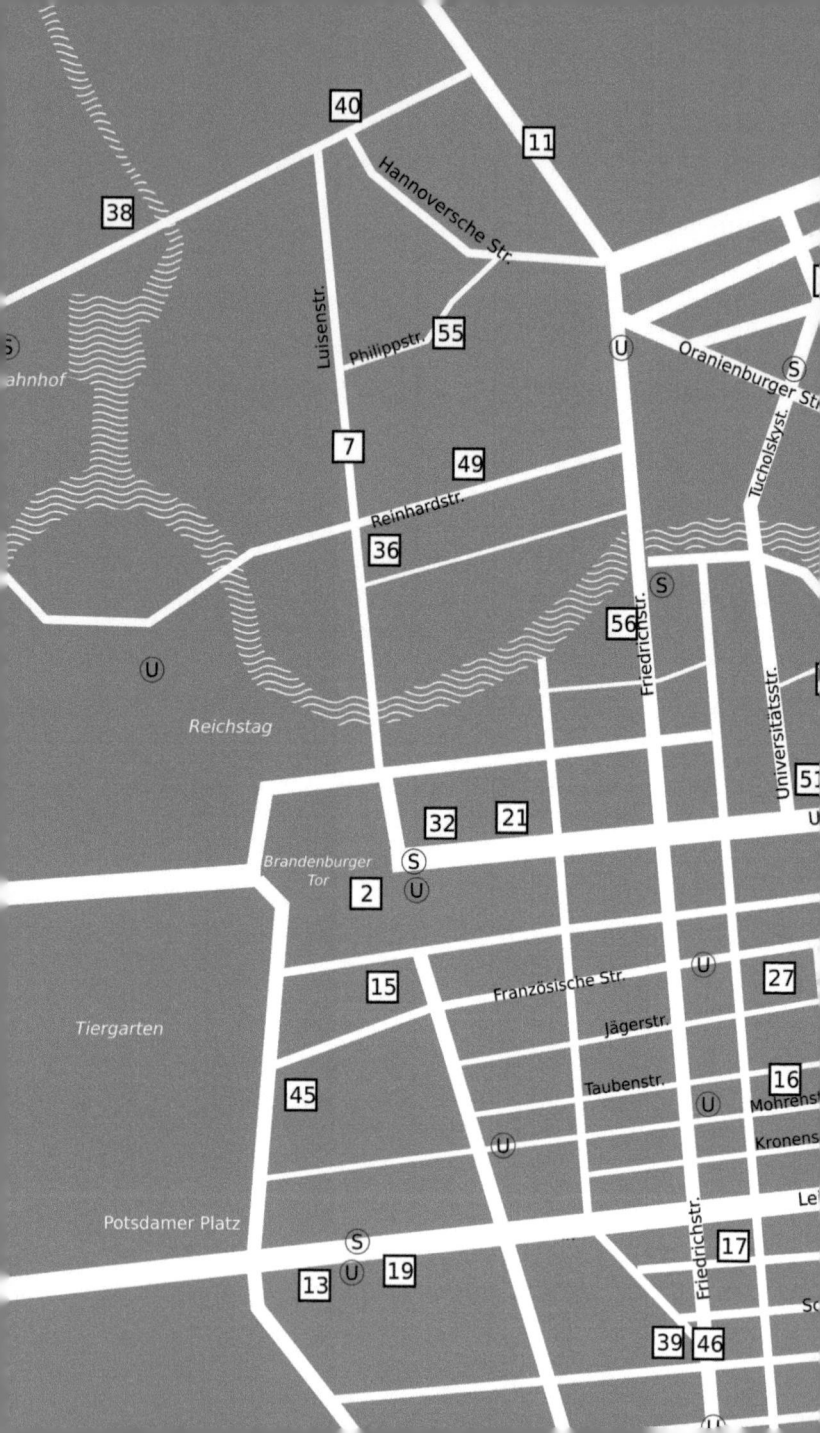

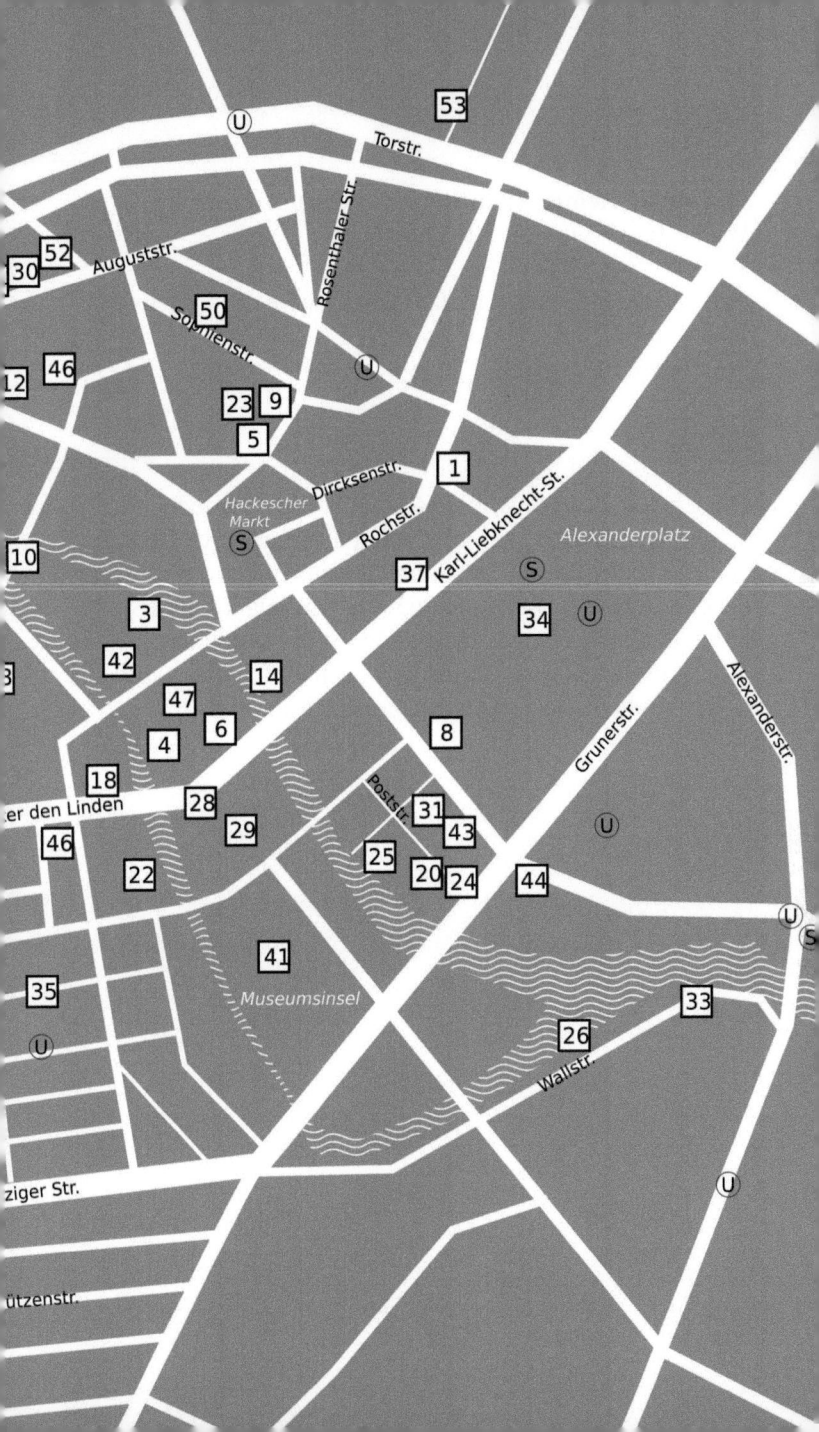

Moabit

1.) Classic Remise (Oldtimer-Automobilzentrum)
Wiebestr. 36-37, 10553 Berlin-Moabit
Tel. 030/ 3640780
Öffnungszeiten: Mo.-Sa.: 8.00-20.00, sonn- und feiertags: 10.00-20.00
http://www.remise.de

Eintritt: frei!

Die Classic Remise ist kein Museum, aber auf jeden Fall einen Besuch wert, denn hier werden die feinsten Oldtimer und exklusivsten Limousinen in einem historischen Straßenbahndepot ausgestellt. Während 365 Tage im Jahr können Sie hier durch die hochwertig restaurierten Hallen laufen und sich sowohl Automobile anschauen, wie auch Läden und Servicebetriebe rund um das Thema Luxusauto besuchen.

Neukölln

1.) KINDL - Zentrum für zeitgenössische Kunst
Am Sudhaus 2, 12053 Berlin-Neukölln
Öffnungszeiten: Mi.-So. 12.00-18.00
Tel. 030/ 832 15 91 20
http://www.kindl-berlin.de

Im September 2014 wurde der 90 Jahre alte Klinkerbau der ehemaligen Brauerei des berühmten Kindl-Bieres nach aufwändiger Sanierung durch einen Privatinvestor, eröffnet. Das denkmalgeschützte Industriegebäude besteht aus mehreren Teilen mit sehr unterschiedlichen Dimensionen und insgesamt 5.500 m². So hat der schweizer Künstler Roman Signer sein Kunstwerk für die Eröffnungsausstellung eigens für das 20 Meter hohe Kesselhaus entwickelt. Allein im Kesselhaus sollen jeweils für 8 Monate Werke internationaler Künstler gezeigt werden. Das Zentrum will in der multikulturellen Neuköllner Nachbarschaft ein Raum für zeitgenössische Kunst mit Gastronomie und Veranstaltungen und auch Workshops sein.

2.) Museum Neukölln
Gutshof Britz, Alt-Britz 81, 12359 Berlin-Neukölln
Tel. 030/ 6 27 27 77 27
Öffnungszeiten: täglich 10.00-18.00
http://www.museum-neukoelln.de

Eintritt frei!

In der Dauerausstellung „99x Neukölln" werden mittels Gegenstände persönliche Geschichten von Neuköllner Bürgern gesammelt. So gehört z.B. die Krawattenschleife dem Musikalienhändler Erich Bading. Um die Jahrhundertwende gehörte seine Familie zu einer Gruppe wohlhabender Unternehmer. Das Geschäft gibt es immer noch. Diverse Wechselausstellungen widmen sich den Themen Kunst und Fotografie.

3.) Puppentheater-Museum
Karl-Marx-Straße 135, 12043 Berlin-Neukölln
Tel. 030 / 687 81 32
Öffnungszeiten: Mo.-Fr. 09.00-15.00, So. 11.00-16.00
http://www.puppentheater-museum.de

Das Museum verfügt über eine große Sammlung von Puppen für verschiedene Spieltechniken. Seit 1970 werden hier Puppen aus unterschiedlichen Kulturkreisen Europas, Afrikas und Asiens zusammengetragen: Stabfiguren, Handpuppen, Marionetten, Schattentheaterfiguren, etc. Außer den Puppen kann der Besucher noch weitere Exponate zum Thema anschauen: Dokumente, Spieltexte, Plakate oder auch Stiche, Malereien und Grafiken aus vier Jahrhunderten.

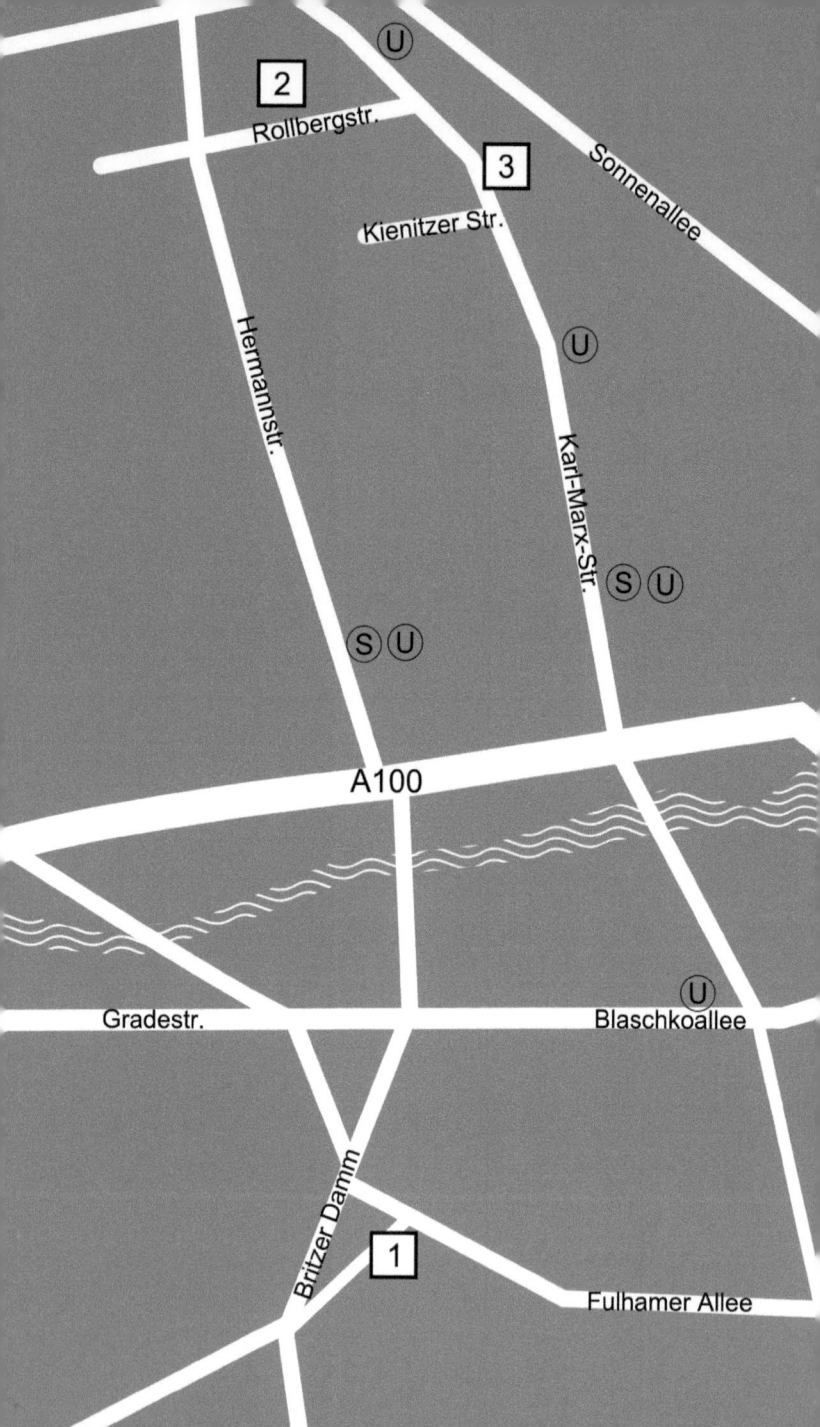

Niederschöneweide

1.) Dokumentationszentrum NS-Zwangsarbeit
Britzer Straße 5, 12439 Berlin-Niederschöneweide
Tel. 030/ 6390 288 0
Öffnungszeiten: Di.-So. 10.00-18.00
http://www.dz-ns-zwangsarbeit.de/

Eintritt frei!

Es ist leider wenig im öffentlichen Bewusstsein, wie viele Zwangsarbeiter für die Nazi-Interessen in Deutschland benutzt wurden. Dazu gehörte nicht nur die Rüstungsindustrie, sondern auch Kirchen, Privathaushalte, Handwerksbetriebe, etc. Die Ausstellung zeigt anhand von Fotografien, Dokumenten und Objekten wie der Alltag dieser Menschen aussah und wie der Kontakt zu den Deutschen sich darstellte. Auf Wunsch kann das Gelände mit einem Audio-Guide begangen werden. Die Unterkunft „Baracke 13" kann nur im Rahmen einer Führung besucht werden.

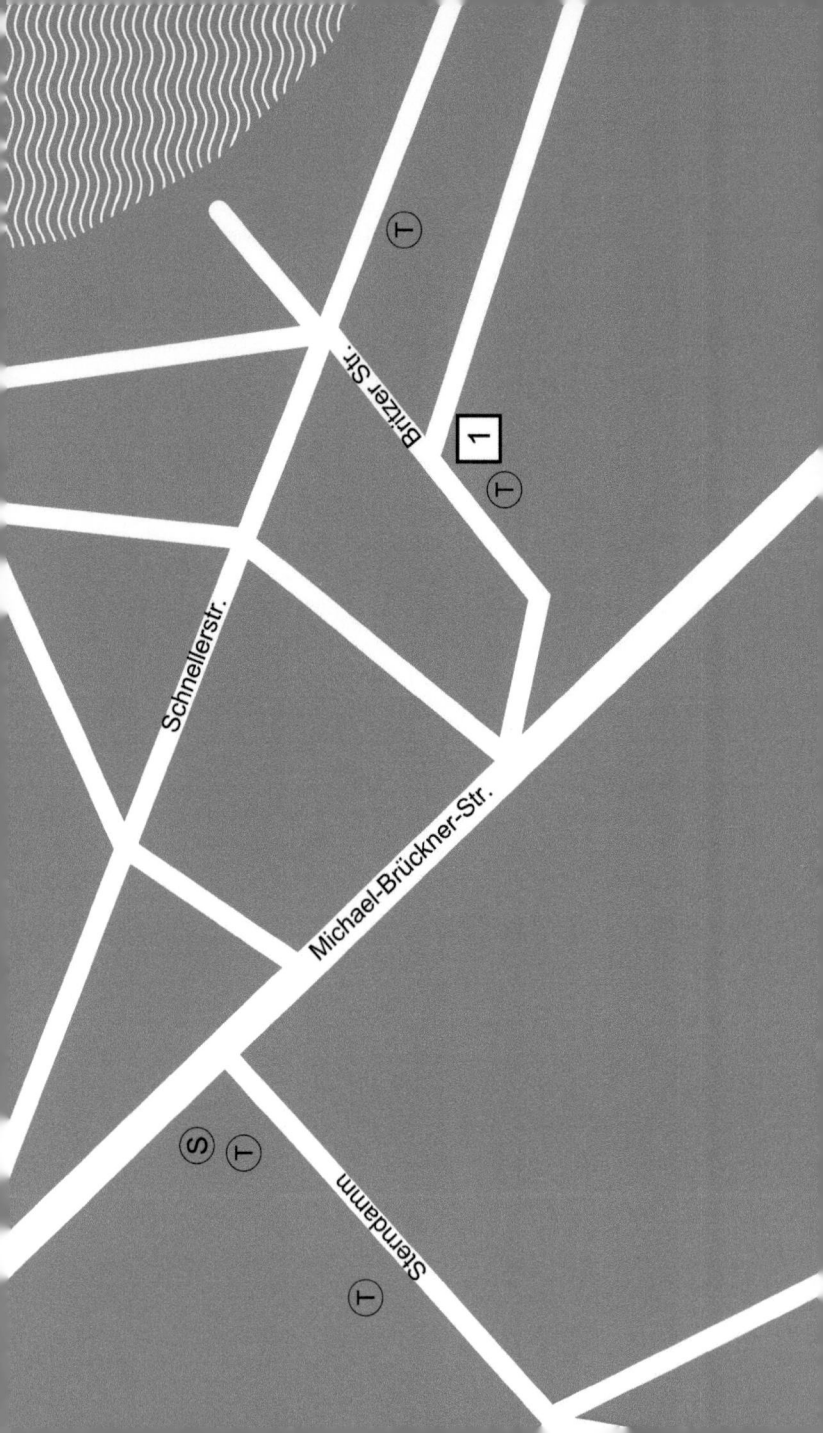

Oberschöneweide

1.) Alice - Museum für Kinder
Straße zum FEZ 2, 12459 Berlin-Oberschöneweide
Tel. 030/ 530 71-181
http://fez-berlin.de

Alice im Wunderland stand Patin für das großartige Museum, das nicht einfach nur ein Kindermuseum sein will, sondern diese zu einer Reise einladen möchte. Auf den Spuren der eigenen Neugierde geht es durch die Welt. Für 2016 hat das Museum eine Mitmach-Ausstellung zum Thema Familie konzipiert. Was ist Familie, wie erleben wir sie in welchem Alter und in welchem Land? Sind alle Kinder immer Geschwister? Im Familienlabyrinth gibt es Wohnräume zum Spielen, hier kann man auch mal die Waschmaschine im Gang setzen. Im Gericht müssen Entscheidungen getroffen werden. Viele Situationen, die mit Familie im engeren und weiteren Sinne zu tun haben sind kindgerecht dargestellt. Empfehlenswert für 6-12-Jährige.

S Berlin-Wuhlheide

Rudolf-Rühl-Allee

Kindl-Bühne Wuhlheide

1

An der Wuhlheide

Ostendstr.

Wilhelminenhofstr.

Pankow

1.) Pankow Museum 1

Das Museum ist auf drei Standorte verteilt (noch zwei im Prenzlauer Berg) und konzentriert sich dort auf jeweils ein Thema der Regionalgeschichte.

Heynstraße 8, 13187 Berlin-Pankow
Tel. 030/4 81 40 47
Öffnungszeiten: Di., Do., Sa., So. 10.00-18.00
http://www.berlin.de/ba-pankow/museumsverbund/

Eintritt frei!

Im 1. Stock, in der ehemaligen Wohnung des Fabrikanten Fritz Heyn liegt das Museum, das anhand dieses Hauses mit seiner originalen Bemalung und Dekoration das Leben in einem bürgerlichen Mietshaus um die Jahrhundertwende nachzeichnet. Zum Museum gehört sowohl das denkmalgeschützte Haus wie auch der Vorgarten und Gartenhof mit der Laube.

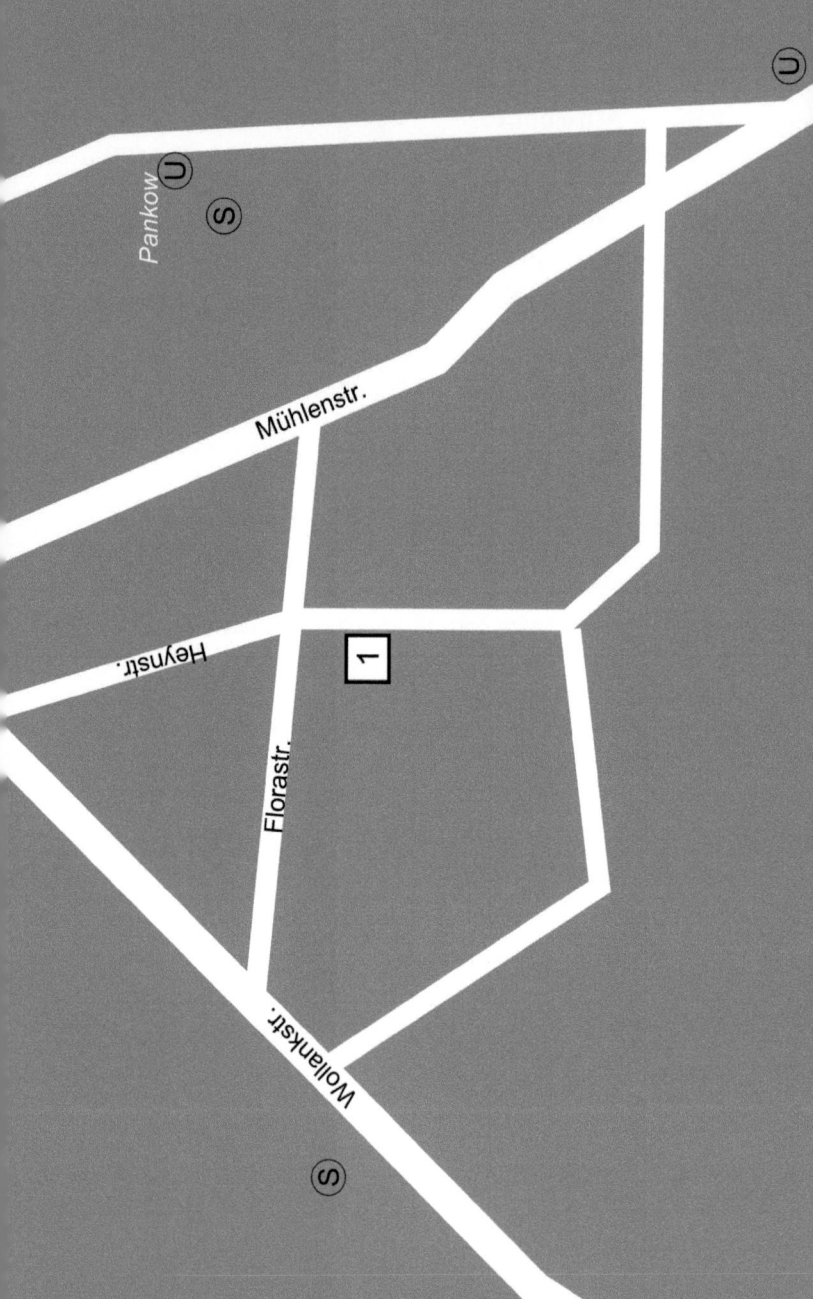

Prenzlauer Berg

1.) MACHmit! Museum für Kinder
Senefelder Str. 5, 10437 Berlin-Prenzlauer Berg
Tel. 030/ 7477 8200
Öffnungszeiten: Di.-So. 10.00-18.00
http://www.machmitmuseum.de

Mitmachen ist Programm. Der Fokus liegt hier auf die Förderung und Entwicklung der künstlerischen und handwerklichen Fähigkeiten der Kinder. Dabei vermittelt das Museum auch geschichtliche Hintergründe wie z.B. in der vergangenen Ausstellung „Die alten Römer und wir".

2.) Museum in der Kulturbrauerei –
Haus der Geschichte
Knaackstraße 97, Gebäude 6.2, 10435 Berlin
Tel. 030/ 46 77 77 9-0
Öffnungszeiten: Di.-So. 10.00-18.00, Do. 10.00-20.00
http://www.hdg.de/berlin/museum-in-der-kulturbrauerei/

Eintritt frei!

Dieses Museum ist noch relativ neu in Berlin (November 2013). Die Dauerausstellung „Alltag in der DDR" zeigt das Haus der Geschichte in seiner Dependance im Prenzlauer Berg mittels Dokumenten, Film- und Tonaufnahmen und Originalobjekten die facettenreiche DDR-Gesellschaft: Treue zur SED, Widerstand und versuchte Anonymität sind ebenso Thema wie die Idylle der Wochenendhäuser (Datschen), die Freude über einen Trabbi oder aber die Angst vor Sippenhaft.

3.) Pankow Museum 2 (Standort Prenzlauer Berg)
Prenzlauer Allee 227/228, 10405 Berlin-Prenzlauer Berg
Tel. 030/ 90295-3916/7
Öffnungszeiten: Sonderausstellungen (Ausstellungshalle)
Di.-So. 10.00-18.00, feiertags geschlossen
http://www.berlin.de/ba-pankow/museumsverbund

Eintritt frei!

Hier befindet sich der Hauptstandort, im Kultur- und Bildungszentrums Sebastian Haffner. Die Ausstellung „Gegenentwürfe. Der Prenzlauer Berg vor, während und nach dem Mauerfall" ist im ersten Stock zu sehen. Die Ausstellung zeigt die extremen Veränderungen, die der Bezirk nach der Wende durchgemacht hat und wohl wie kaum ein anderer in Berlin. Verachtet und runtergekommen war der Prenzlauer Berg in der Geschichte nie erste Adresse gewesen. Nach Grundsanierungen und Privatisierung der Wohnungsbestände wandelte er sich mit zur teuersten Ecke Berlins. Sie erinnert auch an das bürgerliche Engagement Ende der 1980er (Gethsemanekirche) und den ersten offenen Grenzübergang an der Bornholmer Brücke.

4.) Pankow Museum 3 (Standort Prenzlauer Berg)
Dunckerstr. 77, 10437 Berlin-Prenzlauer Berg
Tel. 030/ 4 45 23 21
Öffnungszeiten: Mo, Di, Do, Fr, Sa, So 11.00-16.30
http://www.berlin.de/ba-pankow/museumsverbund

Im Haus Nr. 77, welches im am dichtesten besiedelten Teil des Prenzlauer Berges liegt, ist eine Wohnung im Vorderhaus noch komplett erhalten bzw. wieder so eingerichtet, wie es ca. zur Jahrhundertwende üblich war. Zusätzlich präsentiert sich eine Ausstellung, die sich mit dem Thema der Zuwanderung beschäftigt. Die Ausstellung wird betreut von aktiven Senioren aus der Seniorenfreizeitstätte „Herbstlaube". Ein Austausch mit den Besuchern ist sehr willkommen.

5.) Zeiss-Großplanetarium
Prenzlauer Allee 80, 10405 Berlin-Prenzlauer Berg
Öffnungszeiten: je nach Veranstaltung, siehe Website
Tel. 030/ 421845-10
https://www.planetarium.berlin

1987 wurde mit dem Zeiss-Großplanetarium eines der modernsten und größten Planetarien überhaupt eröffnet. Es ist sehr vielseitig nutzbar und dementsprechend ist auch das Programm. Neben einer Showlaseranlage gehört dem Planetarium auch eine komplette Tonanlage. Regelmäßig finden neben den üblichen Planetariumsangeboten auch z.B. Hörspielabende unter dem Sternenhimmel statt.

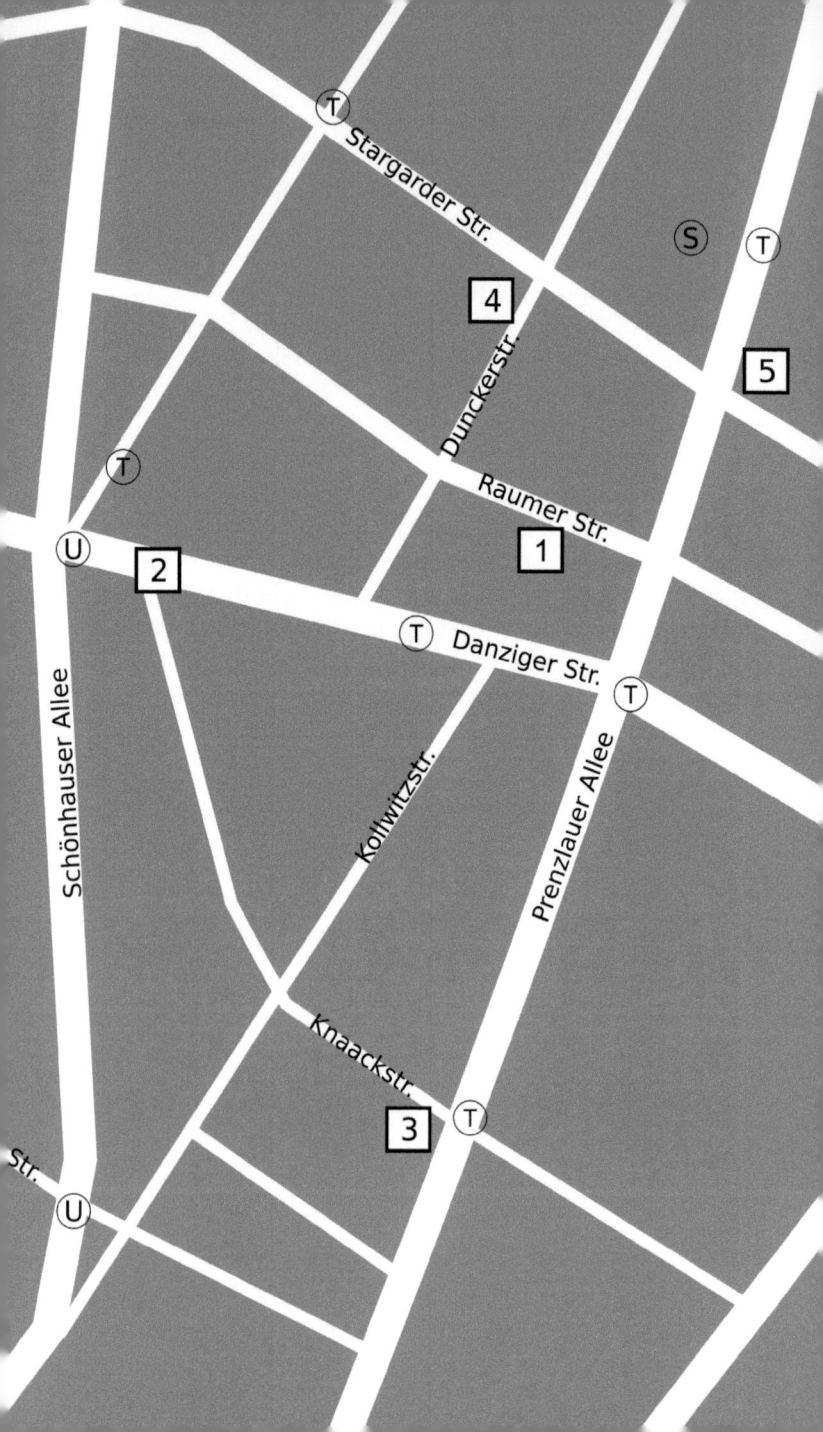

Reinickendorf

1.) Heimatmuseum Reinickendorf
Alt-Hermsdorf 35, 13467 Berlin-Reinickendorf (Hermsdorf)
Tel. 030/ 404 40 62
Öffnungszeiten: Mo.-Fr. + So. 09.00-17.00
http://www.heimatmuseum-reinickendorf.de

Eintritt: frei!

Das Museum arbeitet in einer Dauerausstellung die Bezirksgeschichte in anschaulicher Weise durch thematische Räume auf und nicht zwingend chronologisch. So gibt es hier ein „Kinderzimmer" mit einer Teddysammlung, eine alte Waschküche und auch ein Schulzimmer. Dem Künstler Billy Jenkins ist eine eigene Ecke gewidmet wie auch Wladimir Lindenberg. Des Weiteren arbeitet das Museum am Projekt „Eichborndamm 238" zu dem es bereits verschiedene Ausstellungen gegeben hat und gibt. Unter dieser Adresse ist in Reinickendorf die Städtische Nervenklinik bekannt, die in den Jahren 1941-45 an Kindern quälende Experimente durchführte, die die meisten nicht überlebten.

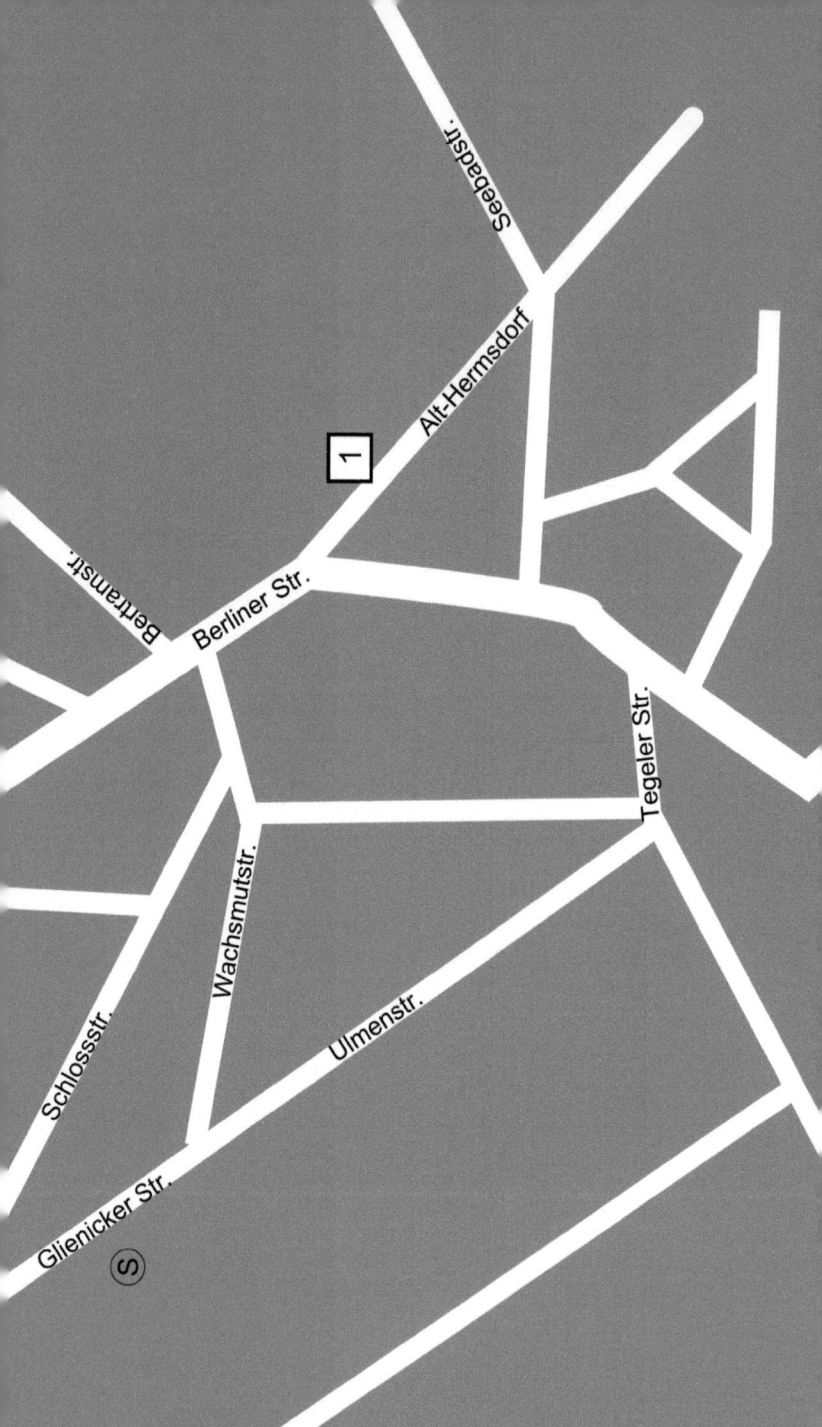

2.) Museum der Staatlichen Münze Berlin
Ollenhauerstraße 97, 13403 Berlin-Reinickendorf
Tel. 030/ 23 14 06 39
http://www.muenze-berlin.de

Eintritt: frei!

Das Museum ist derzeit geschlossen und ein Termin für die Wiedereröffnung steht noch nicht fest.

Die Staatliche Münze Berlin prägt Deutschlands Euromünzen, von 1 Cent bis 2 Euro. Vor Ort gibt es eine Dauerausstellung, in der das Haus die Geschichte der Münzprägung erzählt. Die Staatliche Münze eine lange Tradition; ihre Ursprünge gab es schon vor über 700 Jahren. Später wurden hier die Münzen der DDR geprägt. An den Öffnungstagen ist auch der Shop geöffnet.

Die Ausstellung richtet sich an passionierte Münzsammler. Es stehen mehr die informativen Texte im Vordergrund als in der Vergangenheit angefertigte Münzen.

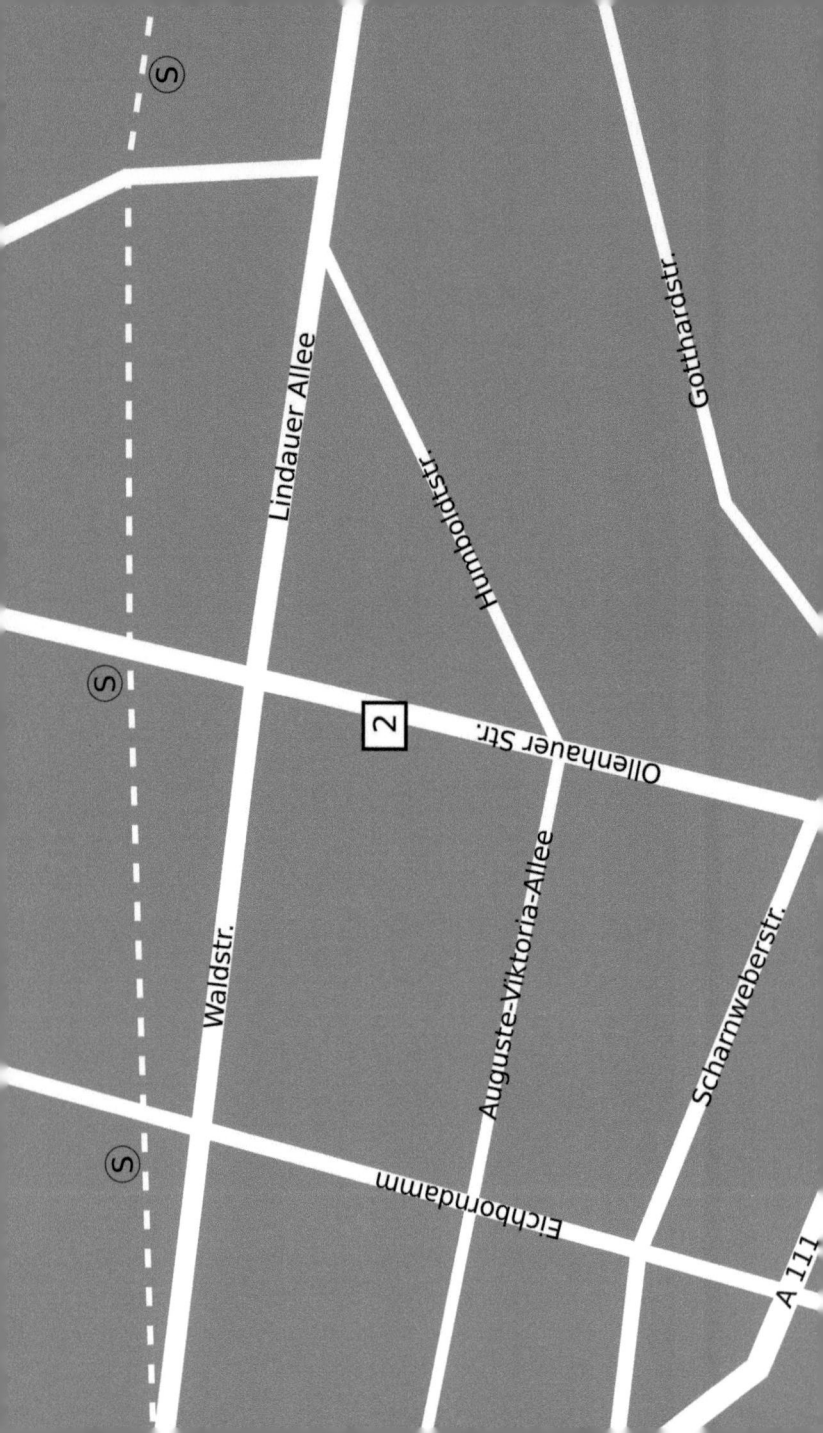

Schöneberg

1.) Gedenkort SA-Gefängnis Papestraße
Werner-Voss-Damm 54 a, 12101 Berlin-Schöneberg
Tel. 030/ 90277-6163
Öffnungszeiten: Di.-Do. + So. 14.00-18.00,
http://www.gedenkort-papestrasse.de

Eintritt frei!
Kostenlose Führungen jeden Sonntag um 14.00

Die Gedenkstätte ist der einzige Ort in Berlin, an dem sich noch Spuren zeigen, des bereits 1933 stattfindenden Nazi-Terrors. Hier hat die SA ein Konzentrationslager errichtet und Juden und politische Andersdenkende gefoltert. Die Kellerräume dienten als Haftzellen und sind noch überwiegend im Originalzustand. Heute weiß man von mind. 500 Häftlingen, die Schätzung liegt weit aus höher, ist aber nicht mehr lückenlos belegbar.

2.) Haus am Kleistpark
Grunewaldstr. 6–7, 10823 Berlin-Schöneberg
Tel. 030/ 90 277 - 6964
Öffnungszeiten: Di.-So. 11.00-18.00
http://www.hausamkleistpark.de

Eintritt frei!

Der Schwerpunkt des Hauses liegt in der Fotokunst. Der Bau selber ist sehenswert und birgt eine interessante Geschichte. Er wurde als Teil des Botanischen Museums 1880 fertig gestellt. Das Museum befindet sich im ehemaligen Herbarium. Der Rest des Originalgebäudes wurde im Krieg zerstört.

3.) Jugendmuseum Schöneberg
Hauptstraße 40/42, 10827 Berlin-Schöneberg
Tel. 030/ 90277 6163
Öffnungszeiten: täglich 14.00-18.00, Fr. 09.00-14.00
http://www.jugendmuseum.de

Eintritt frei!

Wie der Name schon vorausschickt ist die Zielgruppe sehr jung, das heißt aber nicht, dass nicht auch Erwachsene hier noch etwas lernen können. Zwei Dauerausstellungen befassen sich mit der Stadtgeschichte Berlins und den Menschen, die hier leben. Zusätzlich gibt es in regelmäßigen Abständen Sonderausstellungen und Werkstattpräsentationen

4.) Museum der unerhörten Dinge
Crellestr. 5-6, 10827 Berlin-Schöneberg
Tel. 030/ 781 49 32
Öffnungszeiten: Mi.-Fr. 15.00-19.00
http://www.museumderunerhoertendinge.de

Eintritt frei! Spenden erwünscht

Das Museum geht auf eine private Initiative zurück und sammelt Dinge, die man als „mehr als kuriös" bezeichnen kann. Wer sie für außergewöhnliche Exponate erwärmen kann, der ist hier genau richtig. Dazu gehören z.B. das Fell eines Bonsai-Hirschen, ein weißer Rotwein oder auch die Einritzungen des Casanovas im Dogenpalast von Venedig. Auf jeden Fall ein Besuch, der viele Aha-Momente verspricht.

5.) Schöneberg Museum
Hauptstr. 40/42, 10827 Berlin-Schöneberg
Tel. 030/ 90277 6163
Öffnungszeiten: täglich 14.00-18.00, Fr. 09.00-14.00, So. 11.00-15.00
http://www.tempelhofmuseum.de/m_schoeneberg/dashaus_fr.html

Eintritt frei.

Im Schöneberger Museum möchten man den Besucher dazu anregen, Geschichte selber zu erforschen, besonders im Hinblick auf Politik-, Sozial- und Alltagsgeschichte. Aus diesem Grund werden einige Ecken des Bezirks etwas näher betrachtet wie z.B. Friedenau oder das Bayerische Viertel. Im Fokus steht der Bürger, der an Weltgeschehnisse, Politik und gesellschaftlichen Normen seinen Alltag ausrichten muss.

6.) Schwerbelastungskörper
General-Pape-Str. / Loewenhardtdamm, an der Kolonnenbrücke, 12101 Berlin-Schöneberg
Tel. 030/ 90277 6163
Öffnungszeiten siehe Website
http://www.schwerbelastungskoerper.de/aktuell.html

Eintritt frei!

Führungen gegen Gebühr sonntags 12.00

Der 12.000 Tonnen schwere Schwerbelastungskörper war ein Vorprojekt von Hitlers Stadtplanung „Germania". Hier wollte man 1941 testen, ob der Grund auf Dauer die phantastischen Bauplanungen des Führers überhaupt tragen würde. Mit einer

Nord-Süd-Achse wollte man eine breite Allee an einem Triumphbogen enden lassen. Glücklicherweise kam es nicht dazu und der übergebliebene Betonkoloss ist der einzige Zeuge, an dem sich diese irrsinnige Stadtplanung nachvollziehen lässt. Um den Bau herum befinden sich drei Informationsstelen und ein Aussichtsturm, der dem Besucher einen Überblick über das heutige Gelände im Vergleich zur damaligen Planung gibt.

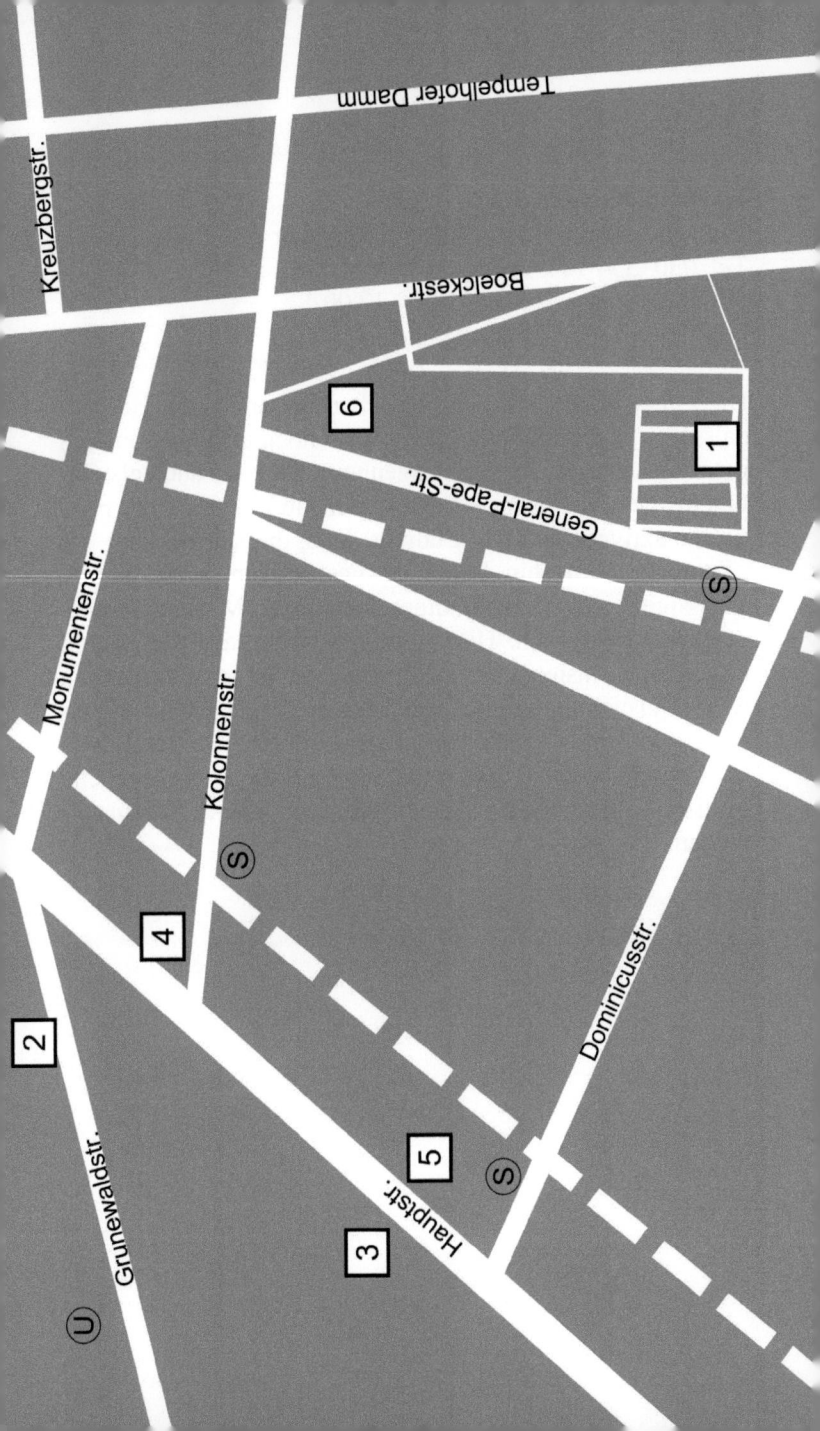

Spandau

1.) Zitadelle Spandau

Am Juliusturm 64, 13599 Berlin-Spandau
Tel. 030/ 354 944 -264
Öffnungszeiten: Mo.-So. 10.00-17.00
http://www.zitadelle-spandau.de

Die Zitadelle gehört zu europäischen Festungen der Hochrenaissance und befindet sich in einem noch außergewöhnlich guten Zustand. In der Vergangenheit diente sie auch als Gefängnis des Preußischen Staates; hier saß z.B. 1821 der politische aktive Friedrich Ludwig Jahn, besser bekannt als „Turnvater Jahn", ein. Neben der Festung kann auch das hier ansässige Archive des Stadtgeschichtlichen Museums Spandau besucht werden. Hier werden Fotografien, Karten und kommunale historische Dokumente archiviert. Zusätzlich werden Dauerausstellungen zu Themen der jüngsten Vergangenheit gezeigt wie z.B. zum Anlass des 100-jährigen Bestehens des Spandauer Rathauses. Im Sommer ist die Zitadelle oftmals Austragungsort verschiedener Open-Air Veranstaltungen.

2.) Gotisches Haus
Breite Straße 32, 13597 Berlin-Spandau
Tel.030/ 333 93 88
Öffnungszeiten:
Oktober-März Di.-Sa. 10.00-18.00, So. 12.00-18.00
April-November Mo.-Sa. 10.00-18.00, So. 12.00-18.00
http://www.gotischeshaus.de/

Eintritt frei!

Das älteste Bürgerhaus Berlins ist relativ unbekannt, wäre hier nicht die Spandauer Touristeninformation im Untergeschoss, würde es wohl noch weniger auffallen. Dabei bietet es ein einmaliges historisch-modernes Ambiente, nicht zuletzt durch das Rippengewölbe. Im Erdgeschoss finden regelmäßig Ausstellungen statt und im Obergeschoss befindet sich eine Außenstelle des Stadtgeschichtlichen Museums. Zu dessen Schätzen gehört u.a. eine Sammlung von über 320 Holzkästen mit s.g. Ankersteinen. Dies sind Steine, mit denen sich z.B. Gebäude nachbauen lassen. Es handelt sich um eine Sammlung historischen Spielzeugs, das in so einer Vielfalt einzigartig ist. Des Weiteren zeigt das Museum die Dauerausstellung „Wohnen und Arbeiten in der Spandauer Altstadt, die sich über 13 Räume erstreckt und mittels historischer Alltagsgegenständen das städtische Leben Spandaus im Lauf der Jahrhunderte zeigt. Beispielsweise ist eine originale Gründerzeitküche vorhanden.

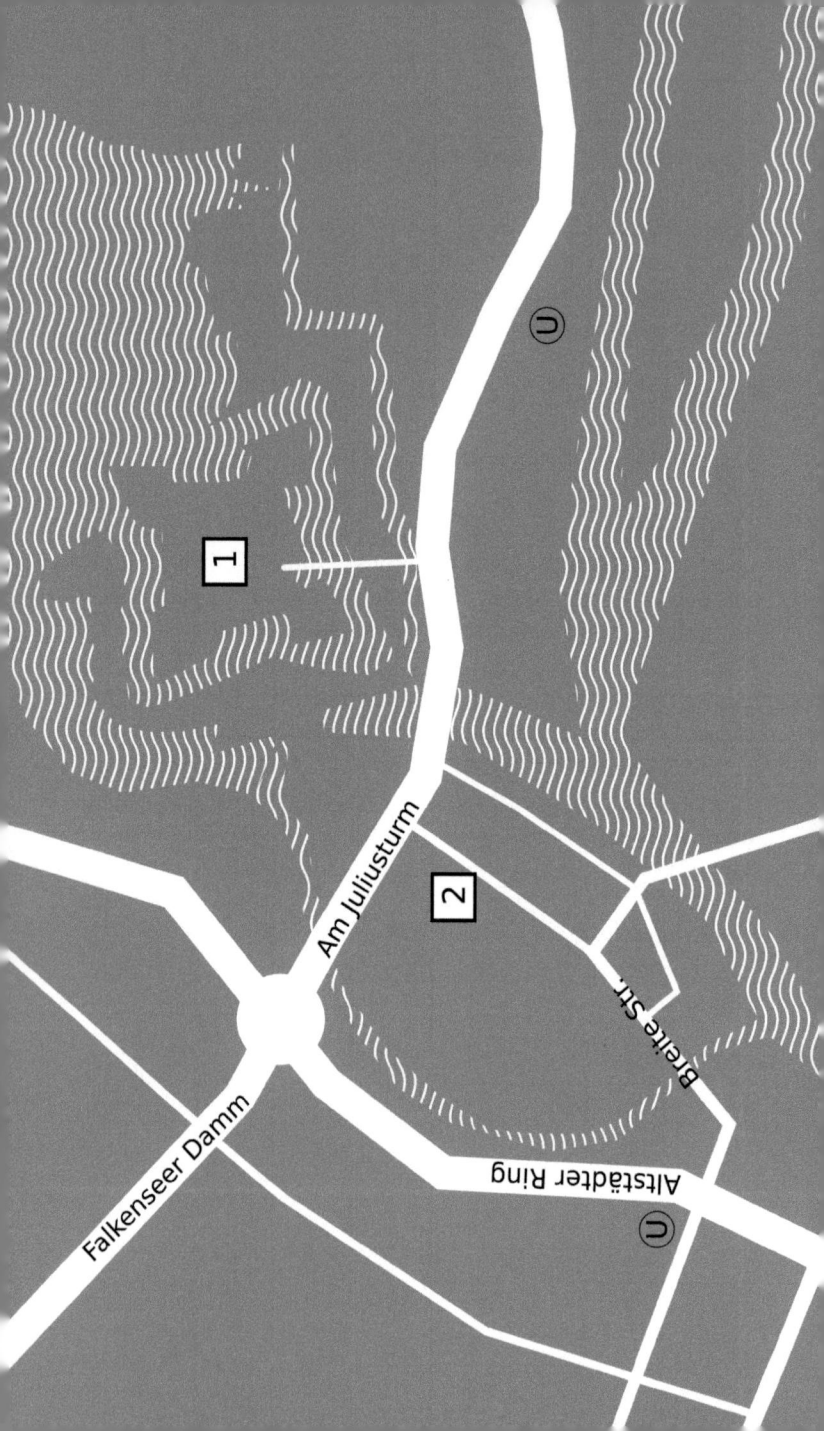

Steglitz

1.) Deutsches Blindenmuseum
Rothenburgstraße 14, 12165 Berlin-Steglitz
Tel. 030/ 797 09 094
Öffnungszeiten: Mi. 15.00-18.00
http://www.blindenmuseum-berlin.de

Eintritt frei! Spenden erbeten

kostenlose Führungen am 1. Sonntag im Monat um 11.00
Anmeldung nicht erforderlich.

Gruppen ab 10 Personen bitte anmelden

Das Blindenmuseum hat eine lange Geschichte; es wurde bereits 1891 in Berlin gegründet und ist mehrfach umgezogen. Seit 2010 wird hier die Dauerausstellung „6 Richtige – Louis Braille und Blindenschrift" gezeigt. Zu den Exponaten gehören Unterrichtsmaterialien für blinde Kinder, Alltagsgegenstände für Blinde sowie eine umfangreiche Dokumentation zur Entwicklung der Bildung für Blinde.

2.) Heimatverein Steglitz
Drakestr. 64A, 12205 Berlin
Tel. 030/ 8 33 21 09
Öffnungszeiten: Di.-Fr. + So. 15.00-18.00
http://www.heimatverein-steglitz.de

Eintritt: frei!

Die Geschichte der ehemaligen Vororte Berlins - Lankwitz, Zehlendorf, Lichterfelde und Steglitz - wird bis ins 13. Jahrhundert zurückverfolgt. Abgerundet wird die Dauerausstellung durch kurzzeitige Expositionen mit Bezirksbezug, wie z.B. in 2013 „Wie Automodelle aus Lichterfelde Leidenschaft entfachen".

3.) Planetarium am Insulaner
(mit Wilhelm-Foerster-Sternwarte)
Munsterdamm 90 (Am Insulaner), 12169 Berlin-Steglitz
Tel. 030/ 79 00 93 - 0
Öffnungszeiten: je nach Veranstaltung, siehe Website.
http://www.planetarium-berlin.de

Eintrittspreis: je nach Veranstaltung, siehe Website.
Die Eintrittskarte gilt für beide Orte; die Sternwarte kann bis zu 6 Wochen nach dem Planetarium besucht werden.

Der Insulaner ist ein Schuttberg in Schöneberg an dessen Fuß sich das Planetarium befindet. Oben auf der Höhe ist die Wilhelm-Foerster-Sternwarte angesiedelt, wo der Besucher je nach Wetterlage den aktuellen Himmel beobachten kann. Im Veranstaltungskalender der Website können Sie sich über aufeinander folgende Führungen informieren, mit denen Sie den Besuch von Planetarium und Sternwarte verbinden können.

Hinweis: es ist ratsam eine Taschenlampe mitzubringen, da der Weg auf den Hügel nicht beleuchtet ist.

4.) Schwartzsche Villa (Kulturamt Steglitz-Zehlendorf)
Grunewaldstr. 55, 12165 Berlin-Steglitz
Tel. 030/ 90299-2212
Öffnungszeiten: je nach Veranstaltung
http://www.schwartzsche-villa.de

Die schöne alte Villa beherbergt mehrfach im Jahr Sonderausstellungen zu ausgesuchten Themen. Weitere Veranstaltungen wie klassische Konzerte und Lesungen runden das Programm ab.

Tegel

1.) Feuerwehrmuseum Berlin
Veitstr. 5, 13507 Berlin-Tegel
Tel. 030/ 387-10 933
Öffnungszeiten: siehe Website
http://feuerwehrmuseum-berlin.de

Das Museum wird umgebaut und eröffnet wieder voraussichtlich im März 2019.

Hier können die Besucher auf über 100 Jahre Feuerwehrgeschichte zurückblicken und z.T. mit original Exponaten dargestellt. Chronologisch werden sie anschaulich durch die Geschichte geführt; eine Feuerkutsche ist ebenso ausgestellt wie eine Trümmerlandschaft aus dem Zweiten Weltkrieg. Das Museum zeigt Fahrzeuge, Geräte und Filme zum Thema. Im Panikraum kann eine bedrohliche Situation nachempfunden werden.

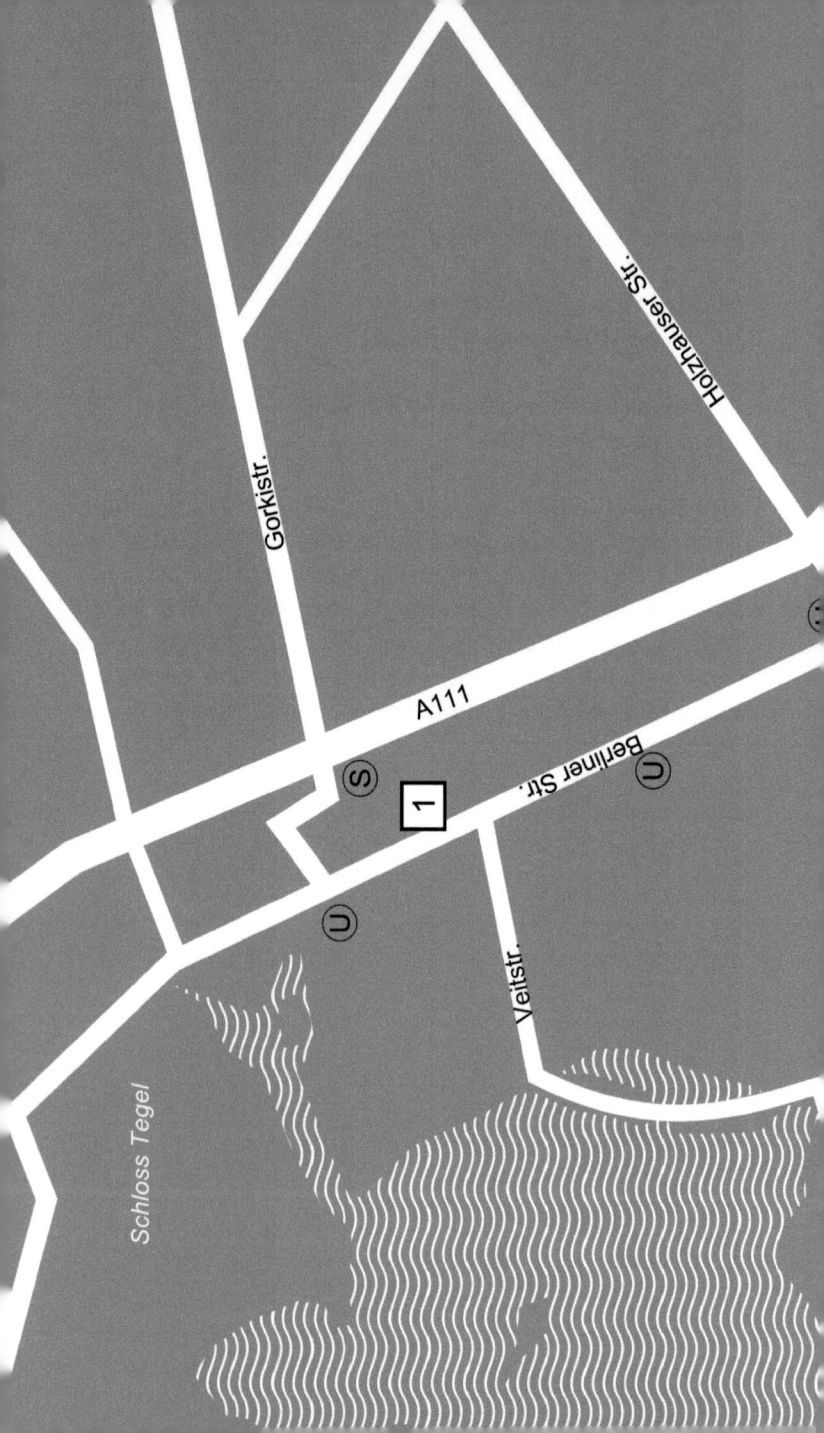

Tempelhof

1.) Tempelhof-Museum
Alt-Mariendorf 43, 12107 Berlin-Tempelhof
Tel. 030/ 90277 6163
Öffnungszeiten: Mo.-Do. 10.00-18.00, Fr. 10.00-14.00, So. 11.00-15.00
Führungen: So. 11.00, Mi. 15.00
http://www.tempelhofmuseum.de

Eintritt: frei!

Das Tempelhof-Museum erzählt, wie es ein Bezirk vom Dorf zum Sitz eines internationalen Flughafens schaffte. Begleitet von einem unterhaltsamen Audio-Guide können die Besucher ausgefallene Exponate bewundern, wie z.B. den Taufengel der Lichtenrader Kirche oder selbst in den vielen Firmenportraits recherchieren, wo so manch bekannter Name auftaucht.

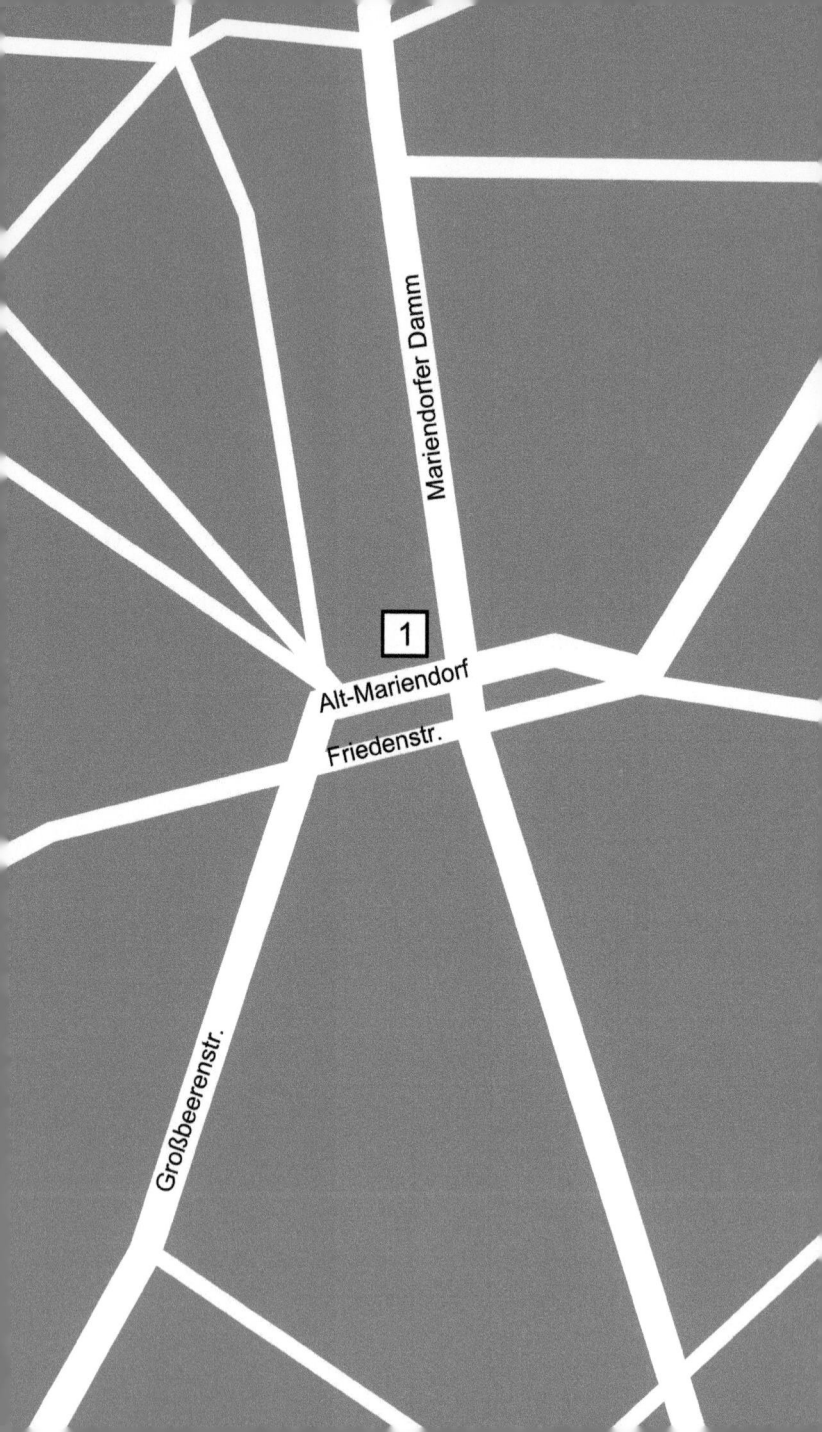

Tiergarten

1.) Akademie der Künste Berlin (Standort Tiergarten)
Hanseatenweg 10, 10557 Berlin-Tiergarten
Tel. 030/ 200 57-2000
Öffnungszeiten: siehe Website
http://www.adk.de

Eintrittspreis: je nach Veranstaltung.

Es ist das bedeutendste interdisziplinäre Archiv für Kunst und Kultur im deutschen Sprachraum. Veranstaltungen werden auf der Website bekannt gegeben. Zur Akademie gehören auch die Gedenkstätten Brecht-Weigel in Mitte und Anna-Seghers in Adlershof.

2.) Bauhaus-Archiv
Klingelhöferstraße 14, 10785 Berlin-Tiergarten
Tel. 030 25400-278
http://www.bauhaus.de

Das Bauhaus-Archiv ist wegen Neubau bis 2022 geschlossen. Bis zur Neueröffnung ist ein temporärer Standort in Charlottenburg eingerichtet worden:

Knesebeckstraße 1-2, 10627 Berlin-Charlottenburg
Öffnungszeiten: Mo.-Sa. 10.00-18.00

Eintritt frei!

Das interessante Gebäude wurde vom Meister Walter Gropius in den 1960er Jahren entworfen und schließlich Ende der

1970er in Berlin erbaut. In ihm kann der Besucher der Geschichte, dem Wirken und dem Erbe des Bauhauses (1919-1933) nachgehen. Das Gebäude umfasst die weltweit umfangreichste Sammlung zum Thema Bauhaus in Form von Fotografien, Objekten und Dokumenten wie z.B. Architekturplänen. Das Haus bietet regelmäßig Veranstaltungen und Ausflüge in Berlin an (siehe Website).

3.) Buchstabenmuseum
Stadtbahnbogen 424, 10557 Berlin
Tel. 177/ 420 15 87
http://www.buchstabenmuseum.de

Das Museum ist derzeit wegen Umbauarbeiten geschlossen. Siehe Website.

Das Ziel des Museums ist es, Bewusstsein für Typografie und das Interesse für die Sammlung zu wecken. Es stellt Buchstaben und Schriften in verschiedensten Formen und Objektarten aus wie z.B. auch historische U-Bahnzeichen und zeigt die Veränderung der „Schriftmode" durch die Jahrzehnte.

4.) Deutsche Kinemathek –
Museum für Film und Fernsehen
Potsdamer Straße 2, 10785 Berlin-Tiergarten
Tel. 030/ 300 903-0
Öffnungszeiten: Mi.-Mo. 10.00-18.00, Do. 10.00-20.00
http://www.deutsche-kinemathek.de

Do. 16.00-20.00 Eintritt frei.

Das Museum dokumentiert anschaulich die Geschichte von Film und Fernsehen. Schwerpunkte des Filmbestandes, der ca. 12.000 deutsche und ausländische Filme umfasst, sind Avantgarde-, Experimental- und Dokumentarfilme, aber auch Spiel- und Animationsfilme. Des Weiteren bekommt der Besucher zahlreiche Objekte zusehen, darunter Drehbücher, Plakate, Filmprogramme, Kostümskizzen, Requisiten, Modelle, Kostüme, Fotos, etc.

5.) Gaslaternen-Freilichtmuseum Berlin
Straße des 17. Juni/ Ecke Klopstockstraße, 10557 Berlin

Die ca. 90 hier gezeigten Gaslaternen sind alle Zeugen einer historischen Epoche und kommen aus den unterschiedlichsten europäischen Städten. Die älteste hier ausgestellte Laterne wurde Anfang des 19. Jahrhunderts hergestellt. Täglich werden sie nach Einbruch der Dunkelheit angeschaltet und verströmen ein schönes warmes Licht im Park. Diese weltweit einmalige Sammlung ist 24 Stunden frei zugänglich.

6.) Gedenkstätte Deutscher Widerstand (Bendler-Block)
Stauffenbergstraße 13-14, 10785 Berlin-Tiergarten
Tel. 030/ 26995000
Öffnungszeiten: Mo.-Mi. + Fr. 09.00-18.00, Do. 09.00-20.00, Sa., So. 10.00-18.00
http://www.gdw-berlin.de

Eintritt frei!

Die Gedenkstätte erinnert an jene Menschen, die zwischen 1933 und 1945 auf unterschiedliche Art und Weise Widerstand gegen das NS-Regime geleistet haben. Die Ausstellung erstreckt sich über drei Etagen; im Hof befindet sich Information über das Attentat auf Hitler am 20. Juli 1944, das hier in diesem Gebäude stattfand.

7.) Gemäldegalerie im Kulturforum
Matthäikirchplatz, 10785 Berlin-Tiergarten
Tel. 030/ 266424242
Öffnungszeiten: Di.-Fr. 10.00-18.00, Do. bis 20.00, Sa.-So. 11.00-18.00
http://www.smb.museum/gg

Der schlichte Bau beheimatet europäische Malerei vom 13. bis 18. Jahrhundert und die dazugehörigen Meisterwerke wie z.B. die „Flügel des Wurzacher Altars" von Hans Multscher. Die Ausstellung ist durchgehend von Tageslicht erhellt. Die große Wandelhalle versteht sich als Ort der Ruhe und Besinnung. Sie ist von den Ausstellungsräumen frei zugänglich und so kann der Besuch der Galerie auch kurz unterbrochen werden. Außergewöhnlich ist auch die dort sich befindende Skulptur von Walter de Maria in einem Wasserbecken.

8.) Haus am Lützowplatz
Lützowplatz 9, 10785 Berlin-Tiergarten
Tel. 030 / 261 38 05
Öffnungszeiten: Di.-So. 11.00-18.00
http://www.hausamluetzowplatz-berlin.de

Eintritt frei, außer Sonderausstellungen

Das Haus ist ein Ort für moderne Kunst. Traditionell sind die Ausstellungen der Malerei gewidmet, zunehmend in den letzten Jahren aber auch anderen Kunstformen wie Konzept- und Objektkunst. Der Garten auf der Rückseite des Hauses ist im Sommer Teil der Ausstellungs- und Veranstaltungsfläche.

9.) Ibero-Amerikanisches Institut
Potsdamer Str. 37, 10785 Berlin-Tiergarten
Tel. 030/ 266 45 4310
Öffnungszeiten: je nach Veranstaltung (siehe Website)
http://www.iai.spk-berlin.de

Eintrittspreis: je nach Veranstaltung
Der Fokus des Institutes liegt auf dem interdisziplinären Austausch mit Südamerika, Spanien und Portugal. Zu den kulturellen und wissenschaftlichen Veranstaltungen gehören u.a. Vorträge, Filmabende, Konzerte und Ausstellungen. Dabei kooperiert das Institut mit verschiedenen nationalen und internationalen Partnern. Die Veranstaltungen stehen unter einem jährlich wechselnden Oberthema.

10.) Kulturforum am Potsdamer Platz
Potsdamer Platz, 10785 Berlin-Tiergarten
http://www.kulturforum-berlin.de

Eintrittspreis: je nach Veranstaltung

Zum Forum gehören 12 Häuser, in 8 haben Sie Zutritt zu Sammlungen und Ausstellungen (Details siehe dort):
- Gemäldegalerie
- Ibero-Amerikanisches Institut
- Kunstbibliothek
- Kunstgewerbemuseum
- Kupferstichkabinett
- Musikinstrumenten-Museum
- Neue Nationalgalerie
- St. Matthäus Kirche

11.) Kunstbibliothek am Kulturforum
Matthäikirchplatz, 10785 Berlin-Tiergarten
Tel. 030/ 266424242
Öffnungszeiten: Di.-Fr. 10.00-18.00, Do. bis 20.00, Sa.+So. 11.00-18.00
http://www.smb.museum

Kinder unter 18 Jahre Eintritt frei!

Die Kunstbibliothek wurde bereits 1867 gegründet und gehört heute zu den ältesten wissenschaftlichen Spezialbibliotheken der kunstgeschichtlichen Forschung. Zu den acht Sammlungen zählen u.a. die Sammlung Plakat- und Reklamekunst, die Sammlung Fotografie und die Lipperheidesche Kostümbibliothek. Sie bezieht außerdem laufend ca. 1.400 internationale Zeitschriften. Die Bibliothek veranstaltet wechselnde Sonderausstellungen. Details siehe Website.

12.) Kunstgewerbemuseum am Kulturforum
Matthäikirchplatz, 10785 Berlin-Tiergarten
Tel. 030/ 266-424242
Öffnungszeiten: Di.-Fr. 10.00-18.00, Sa.+So. 11.00-18.00
http://www.smb.museum/kgm

Kinder unter 18 Jahre Eintritt frei!

Das Kunstgewerbemuseum ist sowohl am Kulturforum präsent wie auch im Schloss Köpenick. Die Ausstellungsräume am Kulturforum wurden seit 2012 umfangreich renoviert. Jetzt präsentiert sich Deutschlands ältestes Kunstgewerbemuseum neben vielen anderen Kostbarkeiten auch mit einer neu eingerichteten Modegalerie für Design des 18.-20. Jahrhunderts mit Kostümen und Accessoires.

13.) Kupferstichkabinett
Matthäikirchplatz, 10785 Berlin-Tiergarten
Tel. 030/ 266-424242
Öffnungszeiten: Di.-Fr. 10.00-18.00, Sa.+So. 11.00-18.00
http://www.smb.museum/kk

Kinder unter 18 Jahre Eintritt frei!

An diesem Ort präsentiert sich die größte Graphische Sammlung in Deutschland. Sie umfasst Zeichnungen, Ölskizzen, Aquarelle sowie Illustrationen. Unter den Künstlern befinden sich u.a. Adolph Menzel, Andy Warhol aber auch Sandro Botticelli und Albrecht Dürer. Das Kupferstichkabinett veranstaltet keine Dauerausstellungen. Bitte konsultieren Sie den Veranstaltungskalender der Staatlichen Museen zu Berlin.

14.) Musikinstrumenten-Museum
Tiergartenstr. 1, 10785 Berlin-Tiergarten
(Eingang Ben-Gurion-Str.)
Tel. 030/ 254 81-0
Öffnungszeiten: Di.-Fr. 09.00-17.00, Do. -20.00, Sa.-So. 10.00-17.00
http://www.mim-berlin.de

Kinder unter 18 Jahre Eintritt frei!

Der Schwerpunkt dieses Museums liegt auf den europäischen Instrumenten. Die ältesten stammen schon aus dem 16., die Sammlung geht bis in 21. Jahrhundert. Die meisten der über 3.000 vorhandenen Instrumente sind noch spielbar, ca. 800 sind in den Räumen ausgestellt und im Rahmen einer Führung werden einige davon auch angespielt.

15.) Neue Nationalgalerie
Potsdamer Straße 50, 10785 Berlin-Tiergarten
Tel. 030/ 266424242
http://www.smb.museum/nng

Das Museum bleibt wegen Sanierungsmaßnahmen bis 2020 geschlossen.

Die neue Nationalgalerie war 1968 das letzte Werk des Architekten Ludwig Mies van der Rohe. Er verstarb kurz nach der Eröffnung. Charakteristisch waren seine Entwürfe zur Gestaltung des offenen, fließenden Raumes. Die wechselnden Ausstellungen beschäftigen sich ausschließlich mit der Kunst des 20. Jahrhunderts.

16.) Reichstagskuppel
Platz der Republik 1, 10111 Berlin-Tiergarten
Tel. 030/ 227 -32152
Öffnungszeiten: täglich 8.00-24.00, letzter Einlass 21.45
https://visite.bundestag.de/

Eintritt frei!

Die Kuppel des Bundestages und die dazugehörige Dachterrasse bieten einen spektakulären Ausblick auf das Brandenburger Tor, den Tiergarten und den Prachtboulevard Unter den Linden. Sie müssen sich unbedingt per Fax oder Post anmelden. Spontane Besuche können je nach Kapazität noch vor Ort beim Besucherdienst gebucht werden. Alle Informationen und die entsprechenden Formulare finden Sie auf der o.g. Website des Bundestages.

17.) Sammlung Daimler Contemporary
Haus Huth, Alte Potsdamer Straße 5, 10785 Berlin
Tel. 030/ 25941-420
Öffnungszeiten: täglich 11.00-18.00
http://art.daimler.com/

Eintritt frei!

Im Haus Huth befindet sich die Daimler Kunstsammlung deren Schwerpunkt auf wichtigen künstlerischen Strömungen und Gruppen liegt. Besonders dem Künstler Max Bill, Wortführer der Künstlergruppe „Zürcher Konkreten" wird viel Raum gegeben. Andy Warhol war seinerseits mit 80 Werken für die Serie „Cars" beauftragt worden, konnte aber bis zu seinem Tod nur 35 Bilder und 12 Zeichnungen vollenden. Im vierteljährlichen Wechsel werden neue Ausstellungen kuratiert, dabei wird Wert daraufgelegt, repräsentativ und qualitativ auszustellen, aber nicht die gesamte Breite und Tiefe des jeweiligen Schwerpunkts abzudecken.

18.) Schwules Museum
Lützowstraße 73, 10785 Berlin-Tiergarten
Tel. 030/ 69 59 90 50
Öffnungszeiten: 14.00-18.00, Do. -20.00, Sa. -19.00, Di. zu
http://www.schwulesmuseum.de

Es besteht bereits seit 1985 und ist mit das größte seiner Art in der Welt. Hier werden große Archivbestände zu nicht-heterosexueller Lebensweisen gepflegt. Dieses Thema wird mit wechselnden Ausstellungen und Veranstaltungen in Bezug auf Geschichte, Kultur, Gesellschaft und Kunst dargestellt.

19.) St. Matthäus Kirche
Matthäikirchplatz, 10785 Berlin-Tiergarten
Tel. 030/ 262 12 02
Öffnungszeiten: Di.-So. 11.00-18.00
http://www.stiftung-stmatthaeus.de

Eintritt frei!

Die Stiftung St. Matthäus öffnet regelmäßig die Kirche für Ausstellungen und Veranstaltungen. Ziel ist es, den Dialog zwischen Kirche und Kunst zu fördern. Der Turm der Kirche bietet einen sehr guten Ausblick über die Stadt.

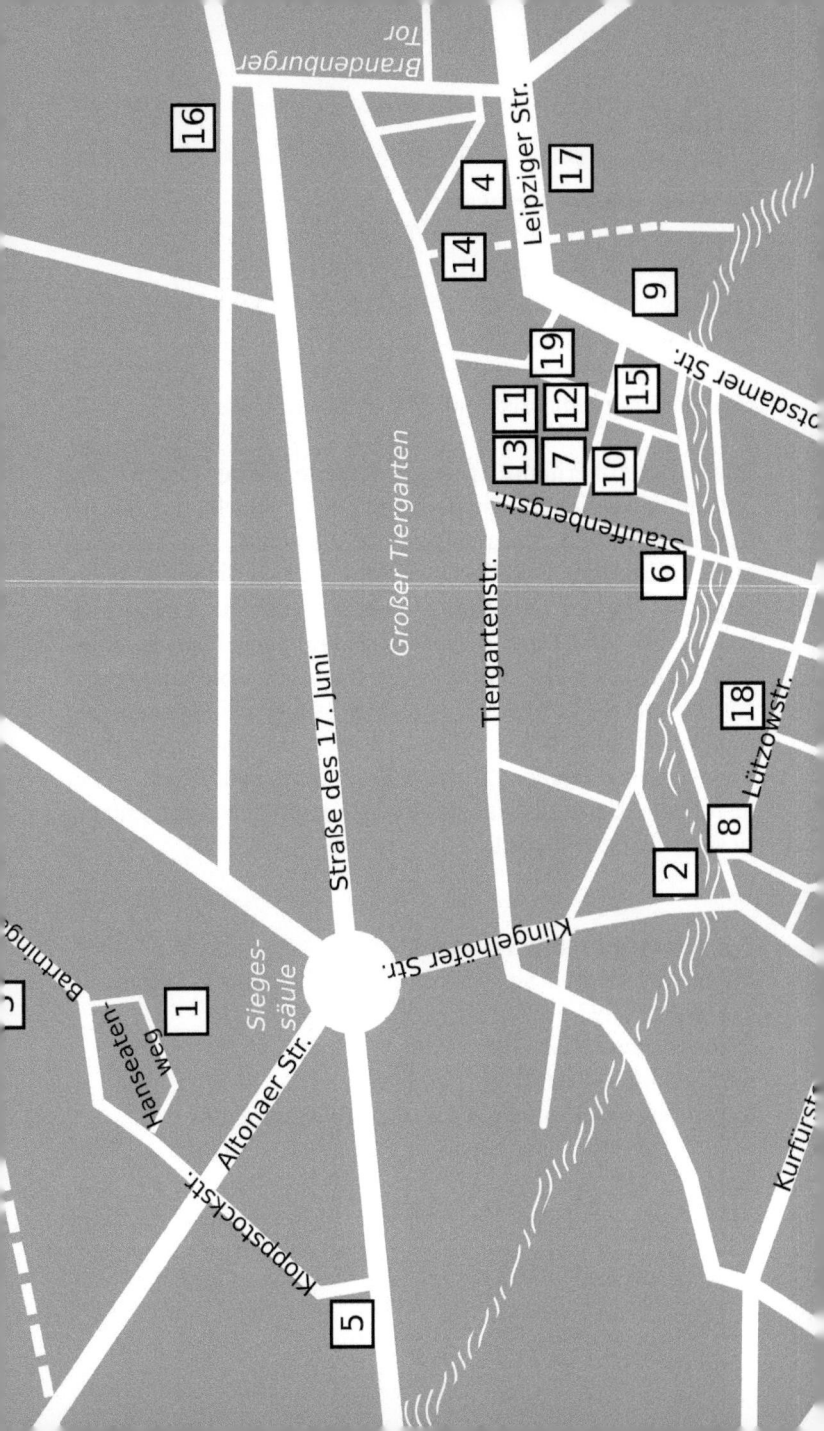

Treptow

1.) Archenhold-Sternwarte
Alt-Treptow 1, 12435 Berlin-Treptow
Tel. 030/ 536 063 719
Öffnungszeiten: Mi.-So. 14.00-16.30, Fr. 15.00-21.00
https://www.planetarium.berlin/

Besichtigung himmelskundliches Museums: frei!

International berühmt ist die Sternwarte als der Ort, wo das längste bewegliche Linsenfernrohr der Welt steht, der „Große Refraktor", auch „Himmelskanone" genannt. Das Gerät ist noch voll funktionstüchtig und steht für nächtliche Beobachtungen jeden 2. Freitag im Monat zur Verfügung (von September bis März). An den anderen Freitagen können sie ab 20.00 Uhr das 500mm Spiegelteleskop ausprobieren. Gleichzeitig bietet die Sternwarte eine interessante Dauerausstellung „Astronomie ist Beobachten und Messen" und wechselnde Sonderausstellungen. Zu den Attraktionen gehören auch der historische Einstein-Saal, das Zeiss-Kleinplanetarium und ein riesiger Eisen-Meteorit.

2.) Heimatmuseum Treptow
Museum Treptow, Sterndamm 102, 12487 Berlin-Treptow
Tel. 030/ 90297 5671 / 72
Öffnungszeiten: Mo.-Di. 10.00-16.00, Do. 10.00-18.00
Sa.+So. 14.00-18.00
https://www.berlin.de/museum-treptow-koepenick

Eintritt frei!

Das Museum widmet sich anschaulich der Geschichte und Entwicklung des Bezirkes Treptow. Wofür stand Treptow? Auf dem Motorflugplatz Johannisthal ging die erste deutsche Pilotin Melli Beese in die Lüfte, die Gewerbeausstellung von 1896 fand in Treptow statt; ein Bezirk, der nicht nur seine eigene Seidenraupenzucht hatte und ein gefragtes Ausflugsziel aller Berliner war, sondern der mit seiner Lage direkt an der Mauer durch diese ab 1961 regelrecht abgeriegelt war.

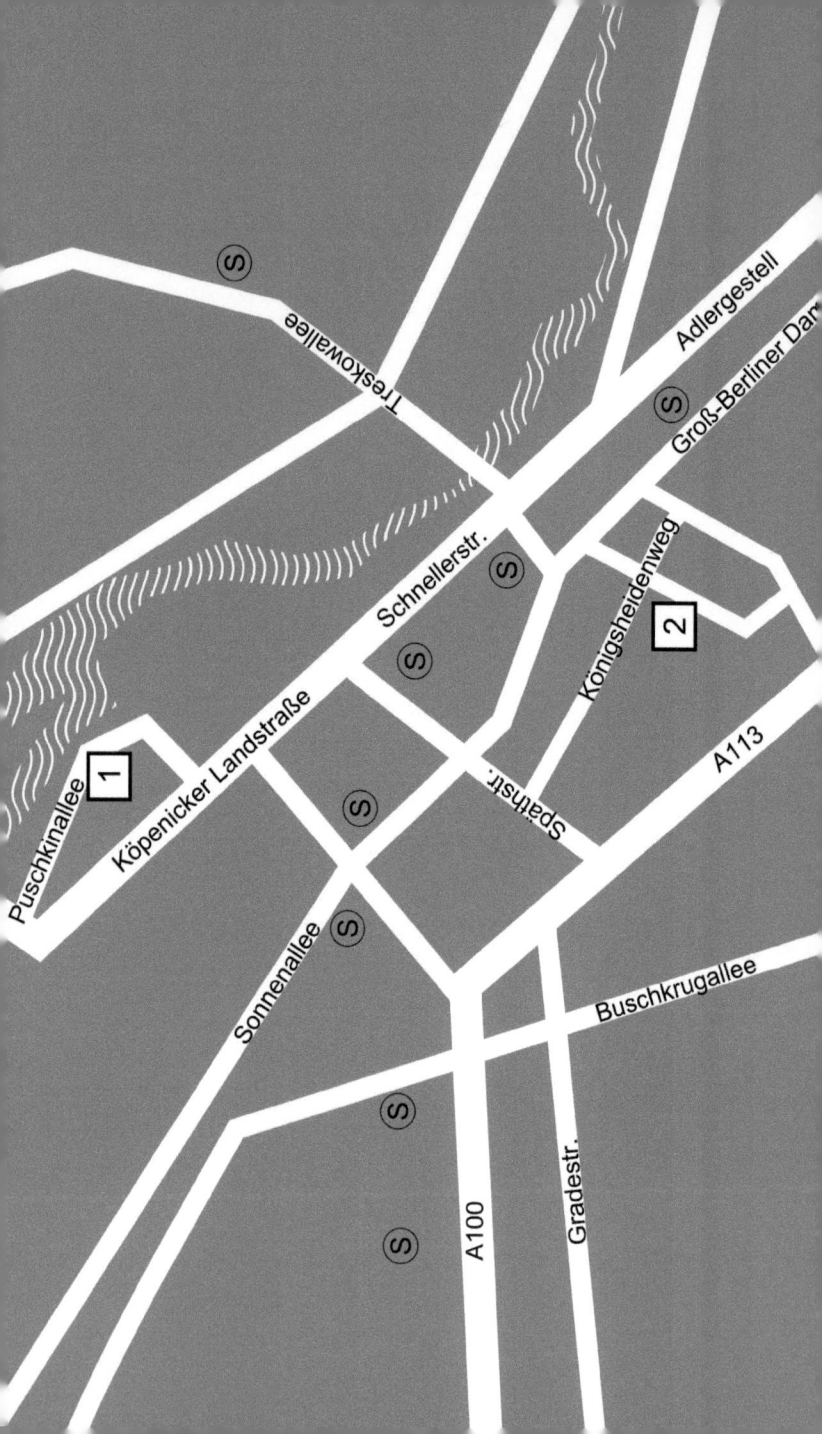

Wannsee

1.) Gedenkstätte Haus der Wannsee-Konferenz
Am Großen Wannsee 56–58, 14109 Berlin-Wannsee
Tel. 030/ 80 50 01-0
Öffnungszeiten: täglich 10.00-18.00
Kostenlose Führungen: Sa.+ So. 16.00 und 17.00
http://www.ghwk.de

Eintritt frei!

Das Haus nimmt das Thema der Judenfeindschaft chronologisch ins Visier. Vom Antisemitismus zum Völkermord, der Besucher wird zeitlich gegliedert durch jenes Haus geführt, an dem am 20. Januar 1942 in der sog. Wannsee-Konferenz der Völkermord an den Juden beschlossen wurde. Die Ausstellung ist sehr vielschichtig. Sie zeigt auf, welche Errungenschaften die Juden im deutschen Raum bezüglich ihrer Integration in der deutschen Gesellschaft verteidigten, weswegen viele von ihnen die Bedrohung erst viel zu spät realisierten, aber sie geht auch der Frage nach, wie viel die Bevölkerung vom Massenmord gewusst hat.

2.) Liebermann-Villa
Colomierstraße 3, 14109 Berlin-Wannsee
Tel. 030/ 805 85 90 0
Öffnungszeiten: Oktober-März Mi.-Mo. 11.00-17.00, April-November 10.00-18.00 dienstags geschlosssen-
http://www.liebermann-villa.de

Kinder bis 14 Jahre Eintritt frei.

Die Villa des deutschen Malers und Grafikers Max Liebermann (1847-1935) war sein Wohnhaus und Atelier zu gleich und dient heute als Museum für seine impressionistischen Werke. Hier entstanden seine berühmten Gartenbilder wovon einige im Obergeschoss zu sehen sind. Gerade diese Bilder haben es ermöglicht, den Garten Liebermanns wieder in den Originalzustand zu versetzen. Liebermann war außerdem Kunstsammler. Die Sammlung Liebermann umfasst Werke u.a. von Manet, Monet, Degas, Menzel aber auch alte niederländische Meister wie Frans und Rembrandt. Dem Museumsbesucher stehen auch der Garten und die Gartenterrasse offen.

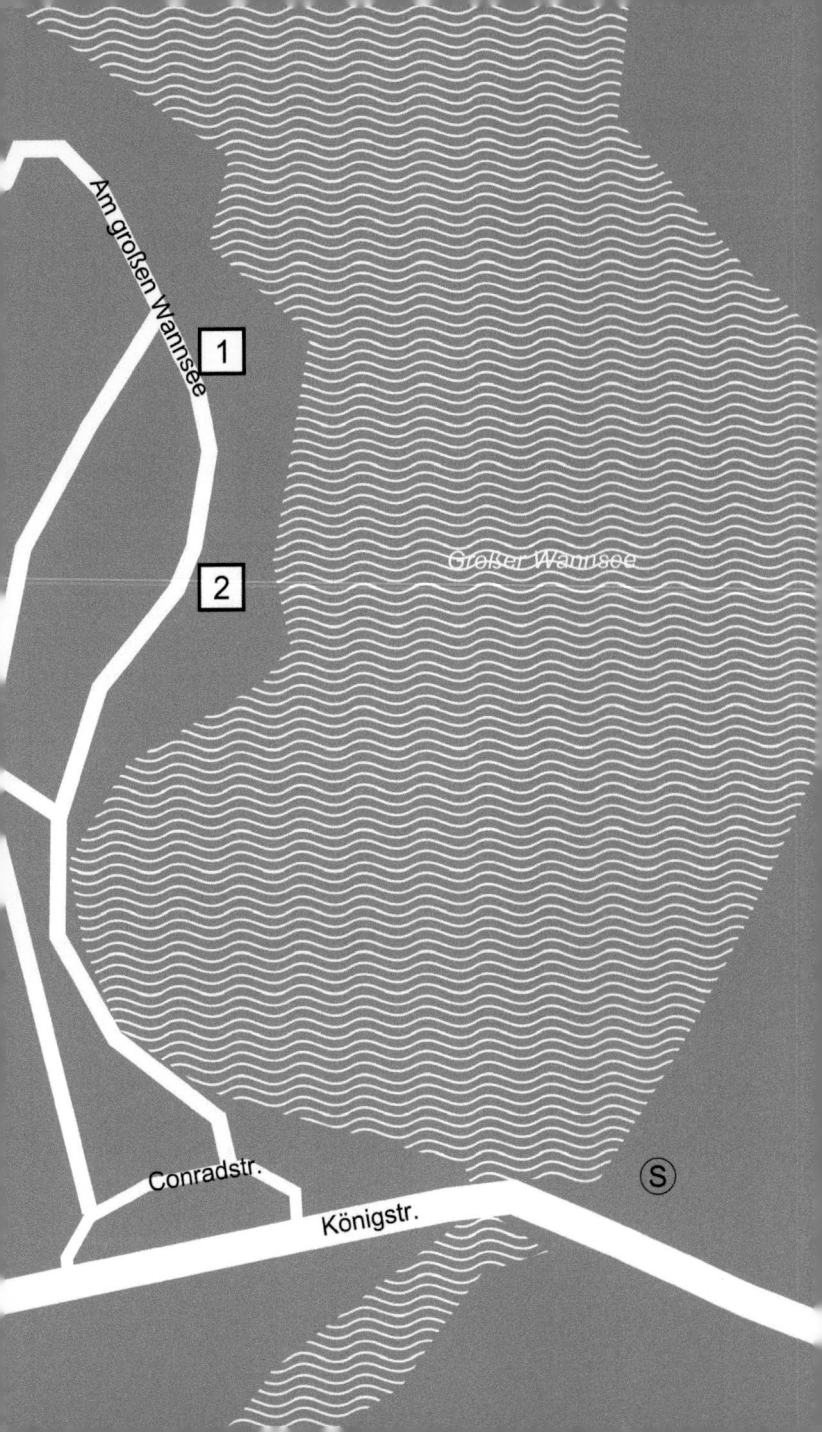

Wedding

1.) Anti-Kriegs-Museum
Brüsseler Straße 21, 13353 Berlin-Wedding
Tel. 030/ 45490110
Öffnungszeiten: täglich, 16.00-20.00
http://www.anti-kriegs-museum.de

Eintritt frei!

Das Museum geht auf die private Initiative des Pazifisten Ernst Friedrichs zurück, der das Museum 1925 erstmals eröffnete, jedoch an einer anderen Berliner Adresse als heute. Dort war es von den Nazis zerstört worden. 15 Jahre nach seinem Tod im Jahr 1967 eröffnete sein Enkel das Museum neu. Gezeigt werden Fotos, Dokumente und Objekte aus den letzten beiden Weltkriegen und Informationen zu aktuellen Kriegsschauplätzen; sowie eine Dokumentation zu den Anfängen des Museums und der Biographie des Gründers

2.) Berliner Unterwelten-Museum
Brunnenstr. 105, 13355 Berlin-Wedding
Tel. 030/ 499 105-17
Öffnungszeiten Ticketverkauf: 10.00-16.00,
April-November 09.00-16.00
http://berliner-unterwelten.de

NUR BARZAHLUNG!

Es gibt keinen Vorverkauf. Es können nur am Tag der Führung Karten gekauft werden. Es werden maximal 5 Karten an eine Person abgegeben, Gruppen müssen sich zwingend anmelden.

Im „Bunker B" im U-Bhf. Gesundbrunnen informiert der Verein „Berliner Unterwelten e.V." über das unterirdische Berlin. Hauptthemen sind Bunkeranlagen, verlassene Bahnhöfe, aber auch Brauereien und die Rohrpost. Mittels einer Teilnahme an einer der zahlreichen Führungen können Sie erleben, wie das Leben im Krieg in einem Bunker organisiert war, wie die Teilung Deutschlands das U-Bahnnetz der BVG sowohl für Fluchten aus der DDR als auch für die Spionage attraktiv machten.

3.) Dokumentationszentrum Berliner Mauer
Bernauer Straße 111, 13355 Berlin-Wedding
Tel. 030/ 467 98 66-66
Öffnungszeiten: täglich 10.00-18.00
http://www.berliner-mauer-dokumentationszentrum.de

Eintritt: frei!

Die Bernauer Straße ist ein symbolischer Ort für die schmerzhafte Teilung der Stadt Berlin. Der Mauerbau wurde hier besonders tragisch miterlebt: schon kurz nach der Absperrung verließen Ost-Berliner fluchtartig ihre an die zukünftige Mauer grenzenden Wohnungen, einigen sprangen aus dem Fenster und verletzten sich schwer, selbst die ersten Todesopfer waren hier zu beklagen. Heute ist das Dokumentationszentrum der Ort, wo ein Stück Mauer in ihrer ganzen Tiefenstruktur mit Todesstreifen erhalten ist. Vom ersten Stock der Gedenkstätte kann von oben auf diesen Streifen geschaut werden um die Ausmaße zu begreifen. Das Zentrum dokumentiert mit Fotos, Schriftstücken und Tonaufnahmen die Deutsche Teilung.

4.) Kindermuseum Labyrinth
Osloer Straße 12, 13359 Berlin-Wedding
Tel. 030/ 800 93 11-50
Öffnungszeiten: Fr. & Sa. 13.00-18.00, sonn- und feiertags 11.00-18.00
Schulferien: zusätzlich Mo.-Fr. 09.00-18.00
http://www.kindermuseum-labyrinth.de

Das Motto des Kindermuseums ist „learning by doing". In dem als Labyrinth aufgebauten Museum haben Kinder ausreichend Gelegenheit, Dinge selber auszuprobieren. Dafür gibt es thematisch abwechslungsreiche Sonderausstellungen, z.B. wie eine Baustelle funktioniert oder wie ein Alltag in einem fernen Land mit einer anderen Sprache sich anfühlt.

Eine Bitte des Museums: Hausschuhe oder Stoppersocken mitbringen.

5.) Klingendes Museum
Zingster Straße 15, 13357 Berlin-Wedding
Tel. 030/ 364 66 22 3
Öffnungszeiten je nach Workshop
http://www.klingendes-museum.de

Hatten Sie auch schon mal den Wunsch, Musikinstrumente nach Lust und Laune ausprobieren zu können? Hier können sie jeden ersten Samstag im Monat über 60 verschiedene Instrumente unter fachkundiger Anleitung erkunden.

6.) Mittemuseum
Pankstr. 47, 13357 Berlin-Wedding
Tel. 030/ 4606019-0
Öffnungszeiten: siehe Website
http://www.mittemuseum.de

Dieses Museum bezieht hauptsächlich auf den Bezirk Mitte, im Sinne von „die Mitte Berlins", was heute nicht mehr unbedingt deckungsgleich ist. Nachdem die Bezirke Wedding, Tiergarten und Mitte zusammengelegt worden waren, entstand hier ein Ort für Heimatgeschichte für alle drei. Die Dauerausstellung betrachtet den Raum der Mitte unter den Aspekten von Wirtschaft, Politik und Alltag. Dazu gehören auch die Zeitgeschehnisse wie die Industrialisierung und spätere Teilung der Stadt Berlin. Wie haben sich diese Ereignisse und Entwicklungen auf die Menschen und die Wirtschaft ausgewirkt? Die Mitte der Stadt ist ihre Wiege und alles begann hier.

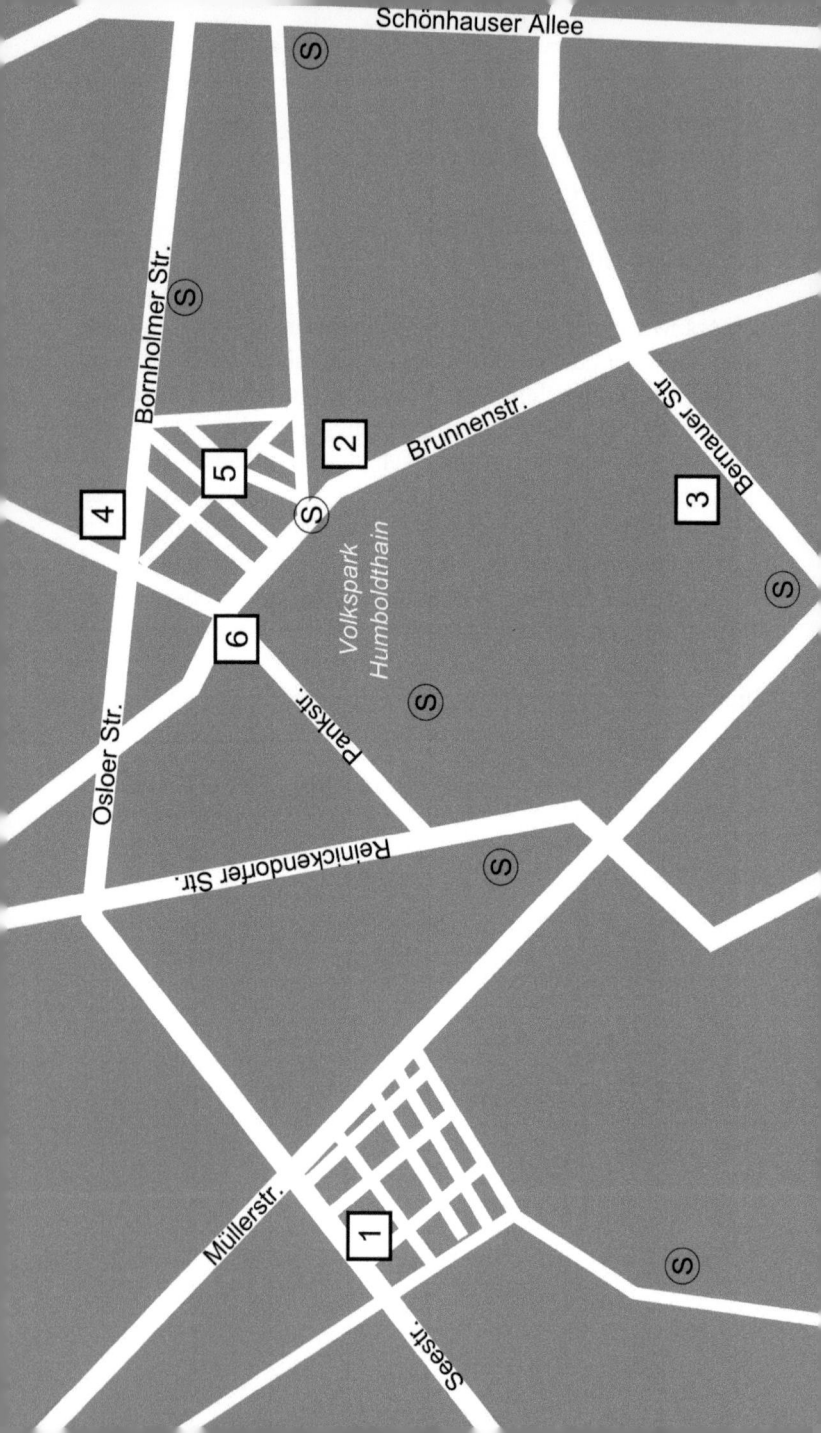

Westend

1.) Berliner U-Bahn-Museum
Endstation U2 Olympiastation, 14052 Berlin-Westend
Tel. 030/ 56 27171
Öffnungszeiten: jeden 2. Samstag im Monat 10.30-16.00
http://www.ag-berliner-u-bahn.de

Die alte Stellwerksanlage, die heute das Museum beherbergt, ist sehenswert aufgrund ihrer unveränderten technischen Ausstattung. Historische Züge konnten aus Platzgründen nicht ausgestellt werden, aber die Innenausstattung der Wagen. Das Museum bietet einen Rundgang durch über 100 Jahre U-Bahn-Geschichte mit vielen historischen Exponaten: Fahrkartenausgabe, Anschlagtafeln, Lampen, Telefonanlagen, Stellwerken, etc.

2.) Georg-Kolbe-Museum
Sensburger Allee 25, 14055 Berlin-Westend
Tel. 030/ 3042144
Öffnungszeiten: täglich 10.00-18.00
Führungen: Mi.+ So. 14.00
http://www.georg-kolbe-museum.de

Kinder unter 18 Jahre freier Eintritt!

Das Museum geht auf die Georg-Kolbe-Gedenkstätte zurück und ist in einem typischen Bau der „Neuen Sachlichkeit" aus den 1920er Jahren untergebracht. Hier lebte und arbeitete der Bildhauer. Die Wohnräume ließ er klein und zweckmäßig gestalten, mehr brauchte er nicht, aber sein Atelier sollte groß und hoch sein. Das heutige Museum umfasst das Privatgebäude wie auch einen Erweiterungsbau, der extra für das Museum hinzugefügt wurde, um Kolbes Werke in ihrer Gesamtheit präsentieren zu können. Das Café K befindet sich heute im ehemaligen Maleratelier.

3.) Glockenturm im Olympiapark
Am Glockenturm, 14053 Berlin-Westend
Tel. 030/ 305 81 23
Öffnungszeiten: siehe Website
http://www.glockenturm.de

Kinder unter 6 Jahren Eintritt frei.

Mit einem gläsernen Aufzug geht es nach oben und informiert auf dem Weg über die Geschichte des Gebäudes. Die unter dem Glockenturm gelegene Langemarckhalle ist Ort der Ausstellung über den Bau des Olympiastadions und über die geschichtlichen Ereignisse an diesem Ort. Der Sport wurde von der Nazi-Propaganda nicht verschont und besonders die Olympischen Spiele 1936 wurden von Hitler für seine Aufmärsche missbraucht.

4.) Sportmuseum Berlin
Hanns-Braun-Straße / Adlerplatz, 14053 Berlin-Westend
Tel. 030/ 3 05 83 00
Öffnungszeiten: Mo.-Fr. 10.00-14.00
http://www.sportmuseum-berlin.de

Das Berliner Sportmuseum befinde sich im geschichtsträchtigen Olympiapark. Es ist Deutschlands ältestes und größtes Sportmuseum. Hier wird alles gesammelt rund um das Thema Sport; Sammlungsschwerpunkt ist der Laufsport.

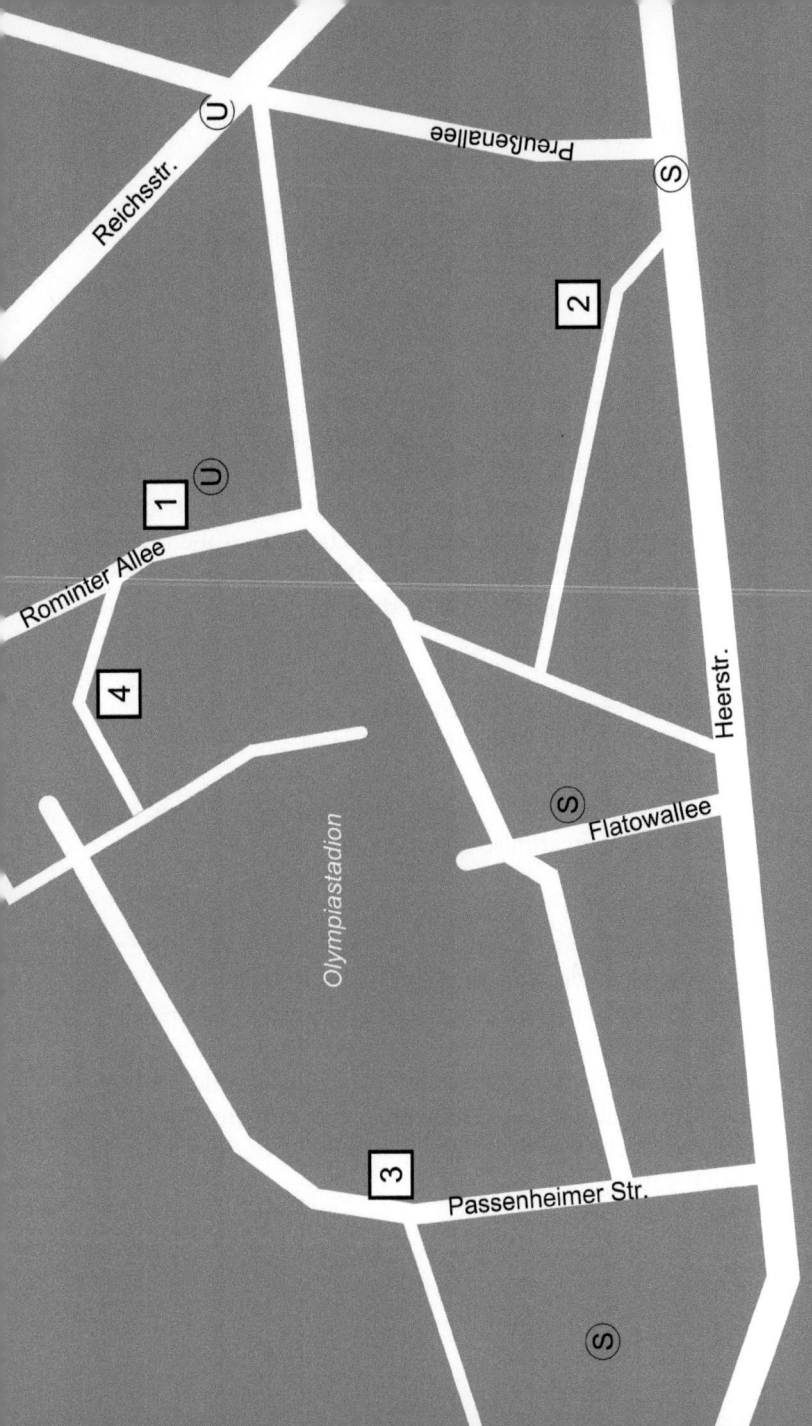

Zehlendorf

1.) Haus am Waldsee
Argentinische Allee 30, 14163 Berlin-Zehlendorf
Tel. 030/ 801 89 35
Öffnungszeiten: siehe Website
http://www.hausamwaldsee.de

Kurz nach dem Zweiten Weltkrieg gegründet ist das Haus am Waldsee heute eine der ersten Adressen für internationale zeitgenössische Kunst in Deutschland. Das Museum bietet heutzutage jenen Künstlern eine Plattform, die nach 1990 nach Berlin gekommen sind. Im 10.000 m² großen Skulpturenpark kann der Besucher einem Parcours folgen, der ihn an verschiedenen Kunstwerken vorbeiführt.

2.) Heimatmuseum Zehlendorf
Clayallee 355, 14169 Berlin-Zehlendorf
Tel. 030/ 802 24 41
Öffnungszeiten: Mo. + Do. 10.00-18.00, Di. + Fr. bis 14.00
http://www.heimatmuseum-zehlendorf.de

Eintritt: frei!

Im alten Dorfkern von Zehlendorf, im „historischen Winkel" befindet sich das Heimatmuseum in einem Schulgebäude von 1828. Der Heimatverein Zehlendorf bietet eine Dauerausstellung zur Bezirksgeschichte und mehrmals jährlich Wechselausstellungen an, das Programm ist online einsehbar. Dazu gehören nicht nur Sonderausstellungen, sondern auch Themenabende.

3.) Museumsdorf Düppel
Clauertstr. 11, 14163 Berlin-Zehlendorf
Tel. 030/ 802 66 71
Öffnungszeiten: April bis Oktober: Sa., So. und feiertags
10.00-18.00
http://www.dueppel.de

Im Freilichtmuseum Düppel wird das mittelalterliche Leben auf dem Dorf rekonstruiert. Dazu gehören das Dorf selber, die Nutzflächen, die Landwirtschaft aber auch Nutzpflanzen und Tiere der damaligen Zeit. Der Alltag im Hochmittelalter wird hier lebendig. Vor Ort kann der Besucher zusehen, wie Handwerk und landwirtschaftliche Tätigkeiten damals vollbracht wurden.

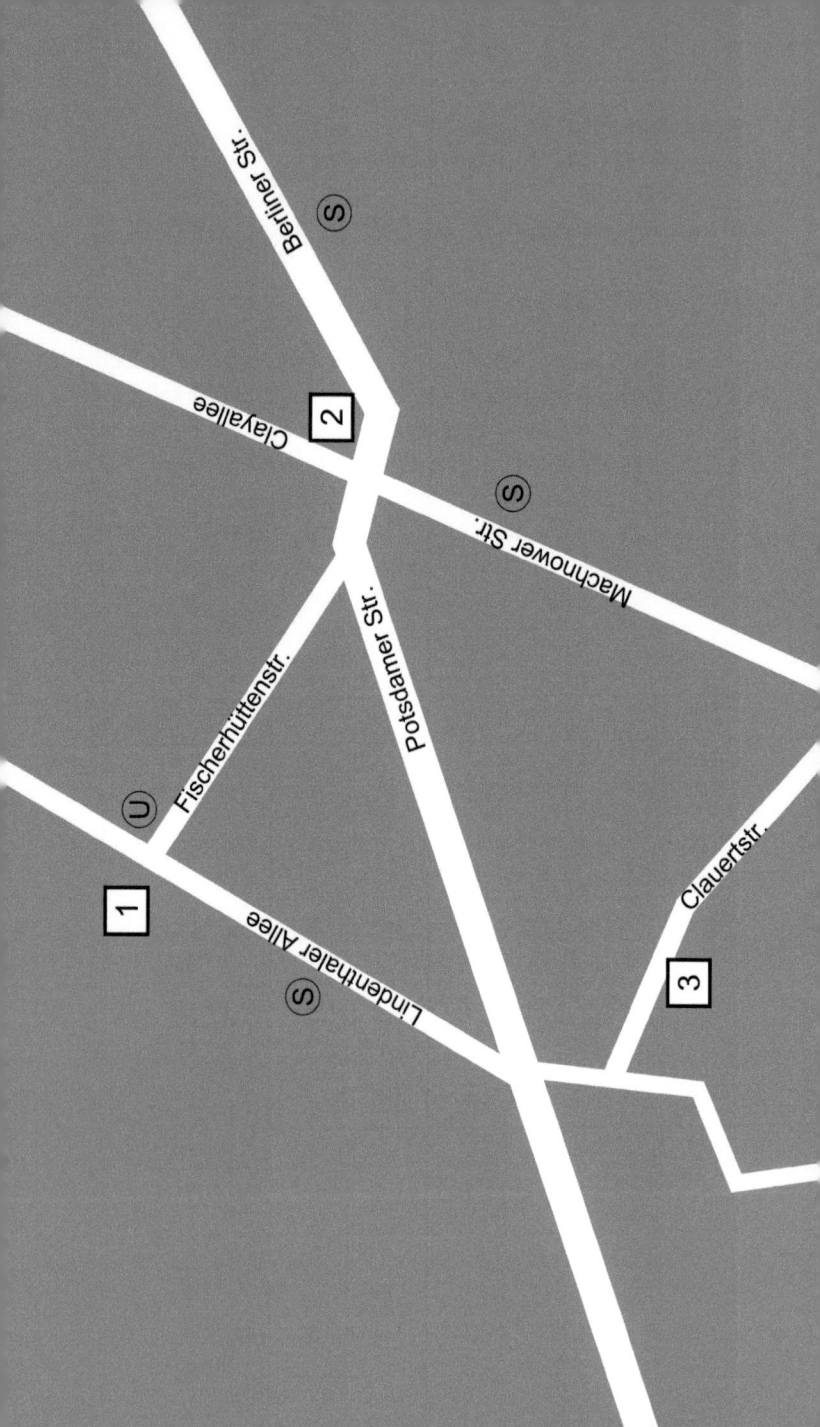

Hinter der Stadtgrenze

1.) Olympisches Dorf 1936
Rosa-Luxemburg-Allee 70, 14641 Wustermark OT Elstal
Tel. 033094/ 700-565
Öffnungszeiten: Mo.-Fr. 09.00-16.00
http://www.dkb-stiftung.de/event/fuehrungen-durch-das-olympische-dorf/

Eintritt nur mit Führung möglich, auch auf Englisch. Mind. 2 Wochen im Voraus buchen

10 km westlich der Stadtgrenze befindet sich das ehemalige Dorf für die Teilnehmer der Olympiade 1936 in Berlin. Nach dem Zweiten Weltkrieg wurden die Gebäude von der sowjetischen Armee benutzt und auf dem Gelände noch weitere in Plattenbauweise errichtet. Die Stiftung der Deutschen Kreditbank (DKB) hat sich der Aufgabe gewidmet, das Gelände zu erhalten und wieder in Originalzustand zu versetzen, dazu gehört auch der Rückbau der sowjetischen Anbauten. Während des Spaziergangs über das weitläufige, kläglich bebaute Gelände erfährt man so manche Anekdote von damals. So war z.B. Alkoholgenuss für die Teilnehmer strengstens verboten war. Die Niederlande hatten es jedoch geschafft, eine Ausnahme gestattet zu bekommen, und ihre Athleten wurden mit Bier versorgt.

Viele Besucher verbinden den Ausflug mit einem Besuch im „B5 Designer Outlet", das am Bahnhof vorbei in entgegen gesetzter Richtung liegt.

2.) Berliner S-Bahn-Museum
http://www.s-bahn-museum.de

Das Museum ist derzeit geschlossen. Es soll ein Neubau in Lichtenberg entstehen. Aktuelle Informationen auf der Website.

Die Ausstellung ist thematisch untergliedert und geht der Geschichte der Berliner S-Bahn nach. Dabei kommen nicht nur Technikbegeisterte auf ihre Kosten, denn da wo früher Transformatoren und Gleichrichter den Strom für die S-Bahn lieferten zeigen sich heute Exponate, die auch die Historie der Stadt widerspiegeln. So lernt man von alten Bahnhofsschildern, wie die Stationen vor dem Krieg hießen und nach dem Krieg und der Wiedervereinigung umbenannt wurden bzw. wie die Teilung Berlins die Streckenplanung herausforderte. Das Museum geht interessanten Fragestellungen nach, z.B. warum die Berliner Wagen nur hier fahren können und sonst nirgends auf der Welt und woher die Farbgebung kommt. Ein historischer Zug wird nicht ausgestellt, dafür aber ein Zugabteil. Zusätzlich finden interessante Sonderausstellungen statt; so wurde dem Besucher z.B. in der Vergangenheit präsentiert „Bahnhof Zoo – Vorposten der DDR in West-Berlin". Wer sich für historische Züge interessiert, der kann sich beim Verein „Historische S-Bahn e.V." in Erkner informieren: http://hisb.de

Map

- **BERLIN**
- *Spandau*
- Zehlendorf
- *Potsdam* — [2]
- *Wuster-mark*
- B5 — [1]

3 Potsdamer Museen

1.) Brandenburgischer Kunstverein Potsdam e.V.
Ausstellungspavillon Freundschaftsinsel, 14467 Potsdam
Tel. 0331/ 279 753 980
Öffnungszeiten: Mi.-So. 14.00-18.00
http://www.bkv-potsdam.de/

Der gläserne Ausstellungspavillon auf der Freundschaftsinsel ist ein Anziehungspunkt für Kunstliebhaber aus aller Welt, dabei steht der direkte Austausch mit dem Publikum im Vordergrund. Die Ausstellungen wechseln häufig.

2.) Dampfmaschinenhaus (Moschee)
Breite Straße 28, 14471 Potsdam
Tel. 0331/ 96 94-225
Öffnungszeiten: während Veranstaltungen und privat gebuchter Führungen
http://www.spsg.de/schloesser-gaerten/objekt/dampfmaschinenhaus-moschee/

Es ist sicherlich eines der exotischsten Gebäude in Potsdam. Wer hätte gedacht, dass das „nur" die Heimstätte einer alten Dampfmaschine ist. Mit ihr konnte die Fontäne im Schlosspark Sanssouci 1842 erstmals auf 38m emporsteigen.

3.) Extavium
Am Kanal 57, 14467 Potsdam
Tel. (0331) 601 279 59
Öffnungszeiten: siehe Website
http://www.extavium.de/

Es waren sieben Potsdamer Eltern, die im Jahr 2004 beschlossen, die Kulturlandschaft um ein wissenschaftliches Museum für Kinder zu erweitern. Mittlerweile gibt es über 130 Exponate in verschiedenen Themenwelten zu bestaunen. Das Museum möchte Kinder und Jugendliche zum Lernen begeistern und anleiten.

4.) Filmmuseum Potsdam
Institut der Hochschule für Film und Fernsehen
Breite Straße 1A / Marstall am Lustgarten, 14467 Potsdam
Tel. 0331/ 27181-0
Öffnungszeiten Museum: Di.-So. 10.00-18.00
Kinovorstellungen: siehe Website
http://www.filmmuseum-potsdam.de/

Im Jahr 2012 feierte das Studio Babelsberg seinen 100. Geburtstag. Neben Unterhaltungsfilmen wurde hier auch politisches Propagandamaterial erstellt; angefangen von Filmen zur Kaiserzeit haben sowohl die Nazis als auch die DDR in diesem Studio produziert. Neben einer Dauerausstellung (Traumfabrik – 100 Jahre Film in Babelsberg) warten eine weitere Ausstellung im Foyer (für die Neuzugänge) und verschiedene thematische Wechselausstellungen auf die Besucher. Alle Exponate sind Originale ihrer Zeit.

5.) Filmpark Babelsberg
Großbeerenstraße 200, 14482 Potsdam
Tel. 0331/ 72 127 50
Öffnungszeiten: 10.00-17.00 bzw. 18.00
http://www.filmpark-babelsberg.de/

Es ist empfehlenswert, die aktuellen Öffnungszeiten auf der Website zu überprüfen, da produktionsbedingt zu Änderungen kommen kann.

Im Themenpark vor den Toren Berlins fühlt der Besucher sich für einen Tag wie im Film. Ob es um die Besichtigung des Sets von GZSZ geht, oder die Stunt-Show. Wer möchte kann sich einen Audio-Guide nehmen und während des Besuchs in die spannenden Filmgeschichten eintauchen. Besichtigt werden können auch die Ateliers und anhand bekannter Filme werden Making-Of-Shows geboten.

6.) Filmstudio Babelsberg
August-Bebel-Str. 26-53, 14482 Potsdam
Tel. 0331/ 721 21 32
Öffnungszeiten: Mo.-Fr. Gruppenführung nach Anmeldung, mind. 2 Personen, max. 15
http://www.studiobabelsberg.com/public-relations/studio-tour/

Bei der Führung durch das Studio können Sie den „Machern" direkt bei der Produktion über die Schulter gucken. Somit sind die Touren nie dieselben, denn tagesaktuell wird die Tour neu zusammengestellt, je nach dem, an welchem Material gerade gearbeitet wird. Zusätzlich stehen dem Besucher noch die Türen des kleinen Tonfilmmuseums offen.

7.) Fluxus Plus
Schiffbauergasse 4f, 14467 Potsdam
Tel. 0331/ 60 10 89 - 0
Öffnungszeiten: Mi.-So. 13.00-18.00
http://www.fluxus-plus.de/

Jeden 1. Mittwoch des Monats 50% auf alle Eintrittspreise.

Fluxus, das ist die internationale Gruppe von Künstlern, die sich 1960 formiert und in ihrer Kunst sich besonders mit den politischen Aspekten der jeweiligen Zeit beschäftigt. Bis heute. Bis zu seinem Tod war auch Christoph Schlingensief in der Fluxus Kunst aktiv. Der Ausstellungsort ist sehr dynamisch: Ausstellungen, Musikveranstaltungen und weitere Bildungsangebote wechseln sich kurzfristig ab.

8.) Gedenkstätte Leistikowstraße
Leistikowstraße 1, 14469 Potsdam
Tel. 0331/ 2011540
Öffnungszeiten: Di.-So. 14.00-18.00 bzw. 13.00-17.00,
http://www.gedenkstaette-leistikowstrasse.de

Eintrittspreis: frei

Die Gedenkstätte befindet sich im ehemaligen Gefängnis des russischen Militärgeheimdienstes. Hier soll an die Opfer politischer Gewaltausübung erinnert werden. Die Ausstellungsräume widmen sich der Geschichte des Hauses und der Organisation der systematischen Unterdrückung. Das Haus fungiert als Bildungsstelle für Demokratie.

9.) Gedenkstätte Lindenstraße für die Opfer politischer Gewalt im 20. Jahrhundert
Lindenstaße 54/55, 14467 Potsdam
Tel. 0331/ 289 6136
Öffnungszeiten: Di.-So. 10.00-18.00
http://www.gedenkstaette-lindenstrasse.de/

Die beiden deutschen Diktaturen des 20. Jahrhunderts und ihre Opfer stehen im Focus dieser Mahn- und Gedenkstätte im Zentrum der Stadt. Das ehemalige Gerichts- und Gefängnisgebäude ist heute nicht nur ein Ort der Erinnerung, sondern auch des Lernens. Zeitzeugengespräche, Expertenvorträge und Führungen durch das Gebäude finden regelmäßig statt.

10.) Haus der Brandenburg.-Preussischen Geschichte
Kutschstall, Am Neuen Markt 9, 14467 Potsdam
Tel. 0331/ 620 85-50
Öffnungszeiten: Di.-Do. 10.00-17.00, Fr.-So. 10.00-18.00
http://www.hbpg.de/

Hier werden dem Besucher 900 Jahres Landesgeschichte präsentiert. Wie sah in der jeweiligen Epoche der Alltag aus? Wer wanderte über die Jahrhunderte ein und wie machte man zwischen 1945 und 1989 von Brandenburg aus „rüber"? Die Teilung Deutschlands ist ebenso Thema wie der Alltag in der DDR, aber auch aktuelle Geschehnisse.

11.) Historische Mühle im Park von Sanssouci
Maulbeerallee 5, 14469 Potsdam
Tel. 0331/ 55 06 851
Öffnungszeiten: 10.00-18.00 bzw. 16.00 je nach Jahreszeit (siehe Website), Dezember geschlossen
http://www.historische-muehle-potsdam.de/

Eine wunderschöne Umgebung zur Erkundung der Mühlengeschichte in Potsdam. Umgeben von Schlössern und Gärten erfahren Sie vor schöner Kulisse von holländischen Einwanderern und können lokal gebackenes Windmühlenbrot und eine phantastische Aussicht genießen.

12.) Jan-Bouman-Haus
Mittelstraße 8, 14467 Potsdam
Tel. 0331/ 2803773
Öffnungszeiten: Mo. + Fr. 13.00-18.00, Sa.-So. 11.00-18.00
http://www.jan-bouman-haus.de/

Die Preußische Politik war im 18. Jahrhundert sehr tolerant gegenüber Einwanderern. Davon zeugt das Holländische Viertel mit seiner besonderen Bauweise, dessen Erbauer Jan Bouman war. Hier befinden wir uns im ersten städtischen Siedlungshaus für Immigranten, das der Öffentlichkeit zugänglich ist. Es werden Ausstellungen zu niederländischen Themen bzw. mit niederländischen Künstlern angeboten wie auch Informationen zum Holländischen Viertel.

13.) Kunstverein „KunstHaus Potsdam e.V."
Ulanenweg 9, 14469 Potsdam
Tel. 0331/ 2008086
Öffnungszeiten: siehe Website
http://www.kunsthaus-potsdam.de/

Eintritt frei!

Das Kunsthaus ist eine Künstlerinitiative mit Atelierhaus und Kunstverein. Die Ausstellungen auf dem Gelände des ehemaligen Pferdelazaretts der Garde-Ulanen-Kaserne wechseln regelmäßig.

14.) Museum Barberini
Humboldtstr. 5-6, Alter Markt, 14467 Potsdam
Tel. 0331 236014-499
Öffnungszeiten: Mi.-Mo. 10.00-19.00
An jedem 1. Donnerstag 10.00-21.00

http://www.museum-barberini.com

Die Kunstsammlung von Hasso Plattner ist ein relativ neues Mitglied der lokalen Kunstszene. Die Sammlung umfasst ca. 80 Werke von Künstlern aus der ehemaligen DDR, darunter Wolfgang Mattheuer, Bernhard, Bernhard Heisig, Willi Sitte und Werner Tübke. Die Gebäudefassade wurde restauriert; die Innenräume jedoch komplett neugestaltet. Ursprünglich war das Palais von Friedrich dem Großen (1712-1786) in Anlehnung an den Palazzo Barberini in Rom erbaut worden.

15.) Museumshaus „Im Güldenen Arm"
Hermann-Elflein-Str. 3, 14467 Potsdam
Tel. 0176 1000 6504 (während der Öffnungszeiten)
Öffnungszeiten: Mi.-So. 12.00-18.00
http://www.imgueldenenarm.de/

Eintritt frei!

Das Gebäude gehört zu den ältesten der Stadt und fungiert nach einer aufwendigen Sanierung als Ort der Kultur. Das Museumshaus bietet Kulturveranstaltungen verschiedener Facetten an. Es werden sowohl Ausstellungen organisiert wie auch Lesungen und Konzerte, die im Sommer zum Teil im Hofgarten stattfinden.

16.) Naturkundemuseum
Breite Straße 13, 14467 Potsdam
Tel. 0331/ 289-6707
Öffnungszeiten: Di.-So. 09.00-17.00, am 1. Montag im Monat 9.00-18.00 (erm. Eintritt für alle)
www.naturkundemuseum-potsdam.de

Das Naturkundemuseum zeigt mit über 300.000 Exponaten die Tier- und Pflanzenwelt Brandenburgs. Zusätzlich zur Dauerausstellung bietet das Museum für jede Altersstufe spezielle Führungen an. Donnerstags um 15.00 findet für Erwachsene die Grüne Stunde statt, ein Themennachmittag, der einlädt, besondere Aspekte zu vertiefen. In der Vergangenheit gehörten dazu u.a. Partnersuche in der Tierwelt, Bedrohung der Artenvielfalt, etc.

17.) Nowaweser Weberstube
Karl-Liebknecht-Straße 23, 14482 Potsdam
Tel. 0331/ 50 03 74
Öffnungszeiten: Di.+Do. 13.00-16.00
https://www.potsdam.de/content/nowaweser-weberstube

Eintritt frei!

Das Babelsberger Stadtteilmuseum zeigt den Aufstieg der böhmischen Weber- und Spinnerkolonie Nowawes zu einem der wichtigsten Industriestandorte des Kreises Teltow-Fläming im vorletzten Jahrhundert. Teil des Museums ist der historische Kräutergarten.

18.) Potsdam-Museum
Am Alten Markt 9 (Altes Rathaus), 14467 Potsdam
Tel. 0331/ 2896868
Öffnungszeiten: Di.-Fr. 10.00-17.00, Do. -19.00, Sa.+So. + feiertags 10.00-18.00
http://www.potsdam-museum.de/

„Potsdam. Eine Stadt macht Geschichte" ist der Titel der neuen Dauerausstellung (eröffnet September 2013). Thematisiert wird nicht nur die 1000-jährige Stadtgeschichte bis heute, sondern auch immer noch aktuelle Fragen, z.B. wie es sich anfühlte im Alltag mit den sowjetischen Soldaten zu leben, die 49 Jahre lang in der Stadt stationiert waren. Interessante Fotoausstellungen, Originalexponate und Medienstationen zeigen auf 800 m² verschiedene Themenschwerpunkte des Lebens in Potsdam.

19.) Russische Kolonie Alexandrowka
Russische Kolonie 2, 14469 Potsdam
Tel. 0331/ 8 17 02 03
Öffnungszeiten: Do.-Di. 10.00-18.00
http://www.alexandrowka.de/

Die russische Kolonie wurde Anfang des 19. Jahrhunderts mit 13 Holzhäusern auf Wunsch Königs Friedrich Wilhelm III gegründet. Hier waren die russischen Sänger des preußischen Garderegiments untergebracht. Die orthodoxe Alexander-Newski-Gedächtniskirche bietet mit ihren Türmchen in zarten rosa eine romantische Kulisse. Die Kolonie ist seit 1999 Teil des UNESCO Weltkulturerbes.

20.) St. Nikolai
Am Alten Markt, 14467 Potsdam
Tel. 0331/ 2708602
Öffnungszeiten Kolonnade: 09.00-19.00 bzw. 21.00 je nach Monat
http://www.potsdamermitte.de

Der von Karl Friedrich Schinkel entworfene Sakralbau im klassizistischen Stil steht imposant am Alten Markt in der Innenstadt. Das 77m hohe Gebäude hat auch im Innenraum beeindruckende Ausmaße, die sich dem Besucher erschließen, wenn er im Inneren nach oben in die Kuppel schaut. Von dieser hat man einen fantastischen Ausblick auf Potsdam. Die Kirche wird von einer aktiven Gemeinde genutzt. Während der Gottesdienste ist keine Besichtigung möglich.

21.) Urania Planetarium
Gutenbergstraße 71/72, 14467 Potsdam
Tel. 0331/ 2702721
Öffnungszeiten: je nach Veranstaltung, siehe Website
http://www.urania-planetarium.de/

Nehmen Sie Platz und reisen Sie mit der Zeitmaschine. Dank der Full-Dome Technik kann die Erde auf die gesamte Kuppel projiziert und dem Besucher 360° Videos präsentiert werden. Mehrmals im Jahr finden Hörspielveranstaltungen unter dem Sternenhimmel statt.

22.) Villa Schöningen
Berliner Straße 86, 14467 Potsdam
Tel. 0331/ 200 17 41
Öffnungszeiten: Do.-So. 10.00-18.00,
http://www.villa-schoeningen.de/

Die Villa liegt in unmittelbarer Nachbarschaft der Glienicker Brücke, einem Schauplatz des kalten Krieges. Hier verlief die Grenze zwischen Ost und West und die Brücke erlangte traurige Berühmtheit durch Agentenaustausche. Die Villa bietet eine historische Dauerausstellung zu diesem Thema und außerdem diverse wechselnde Kunstausstellungen von internationalem Niveau. Im Sommer wird zusätzlich der Garten für die Ausstellung von Skulpturen genutzt. Der Besucher kann entscheiden, ob er ein Kombiticket kaufen oder lieber nur einen Teil der Villa besichtigen möchte.

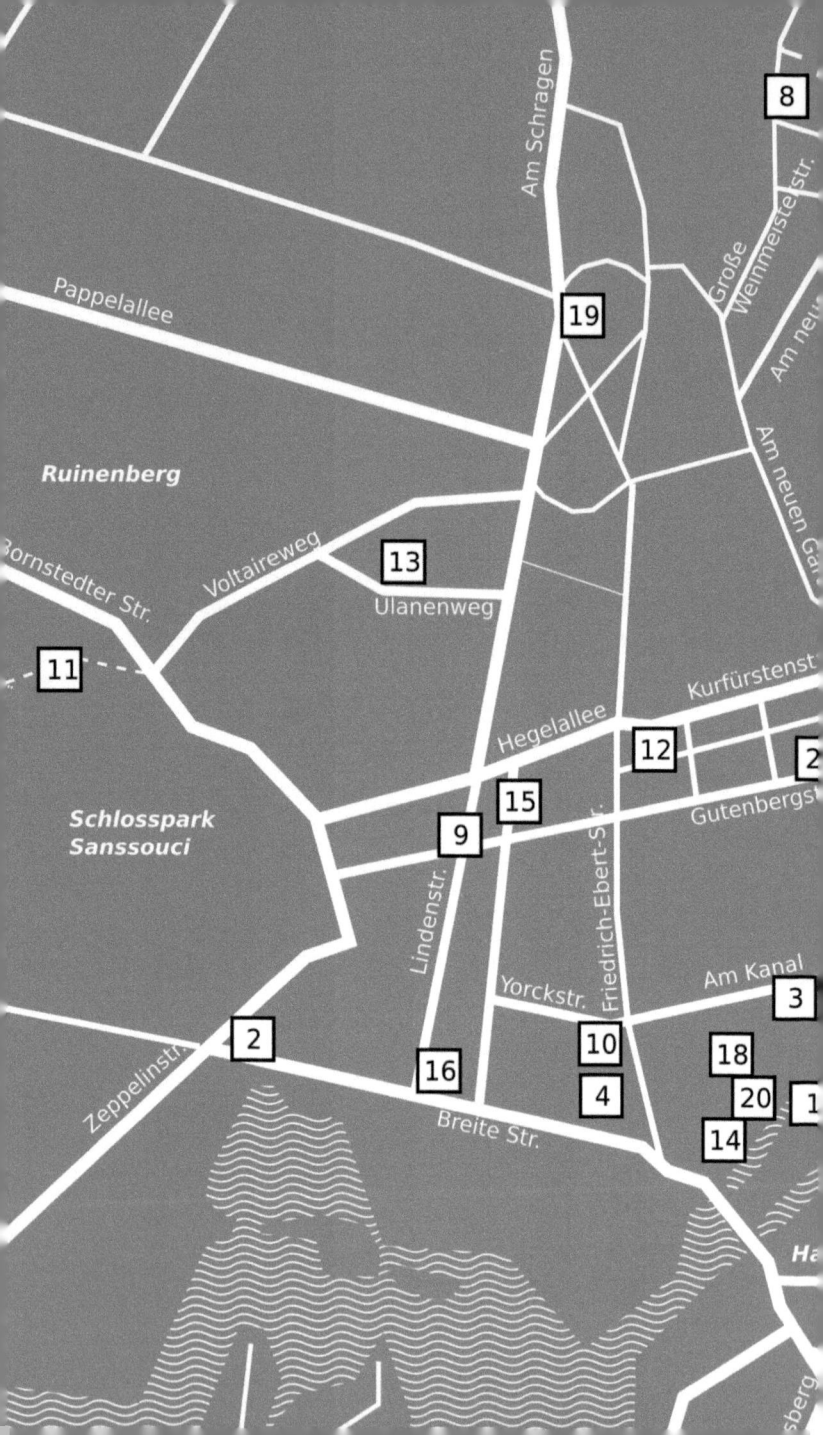

Stichwortverzeichnis

Abguss-Sammlung antiker Plastik 16
Akademie der Künste Berlin
(Standort Mitte) 75
Akademie der Künste Berlin
(Standort Tiergarten) 141
Alexandrowka 180
Alice - Museum für Kinder 113
Alliierten-Museum 28
Alte Nationalgalerie 75
Altes Museum 76
Altstadt Spandau 131
Anna-Seghers-Gedenkstätte 14
Anne Frank Zentrum 76
Anti-Kriegs-Museum 158
Archenhold-Sternwarte 152
Architekturmuseum der Technischen
Universität Berlin 16
Architekturzeichnungen 101
Bauhaus-Archiv 17, 141
Bendler-Block 143
Berliner Dom 77
Berliner Medizinhistorisches
Museum (Charité) 77
Berliner Rathaus 78
Berliner Unterwelten-Museum 158
Berlinische Galerie - Museum für
moderne Kunst 56
Bethanien 60
Bezirksmuseum Marzahn-Hellersdorf 73
Blindenwerkstatt Otto Weidt 78
Bode-Museum 79
Botanischer Garten 29
Botanisches Museum 29
Brandenburgischer Kunstverein
Potsdam 172
Brecht-Weigel-Gedenkstätte 80
Bröhan-Museum 17
Brücke-Museum Berlin 29
Buchstabenmuseum 142
C/O Berlin 18
Centrum Judaicum 80

Classic Remise (Oldtimer-
Automobilzentrum) 106
Computerspiele Museum Berlin 38
Dalí 81
Dampfmaschinenhaus 172
DDR Museum 81
DDR-Motorradmuseum 75
DDR-Wohnung 46
Denkmal für die ermordeten Juden
Europas 82
Deutsche Kinemathek 142
Deutscher Dom 83
Deutsches Blindenmuseum 133
Deutsches Currywurst-Museum 83
Deutsches Historisches Museum 84
Deutsches Technikmuseum 56
Deutsch-Russisches Museum Berlin-
Karlshorst 51
Dokumentationszentrum Berliner
Mauer 159
Dokumentationszentrum NS-
Zwangsarbeit 111
Domäne Dahlem 30
Ephraim-Palais 85
Erinnerungsstätte Notaufnahmelager
Marienfelde 71
Ethnologisches Museum 30
Extavium 172
Feuerwehrmuseum Berlin 137
FHXB Friedrichshain-Kreuzberg
Museum 57
Filmmuseum Potsdam 173
Filmpark Babelsberg 173
Filmstudio Babelsberg 174
Fluxus Plus 174
Forum Willy Brandt 85
Friedrichswerdersche Kirche 85
Gaslaternen-Freilichtmuseum 143
Gedenkort SA-Gefängnis Papestraße 125
Gedenkstätte Deutscher Widerstand 143

Gedenkstätte für den Abtransport
von Juden 44
Gedenkstätte Hohenschönhausen 48
Gedenkstätte Köpenicker Blutwoche
Juni 1933 53
Gedenkstätte Leistikowstraße 175
Gedenkstätte Lindenstraße 175
Gedenkstätte Plötzensee am
Gefängnis Plötzensee 20
Gedenkstätte Stille Helden 86
Gemäldegalerie im Kulturforum 144
Georg-Kolbe-Museum 163
Gipsformerei 20
Gleis 17 44
Glockenturm im Olympiapark 164
Gotisches Haus 131
Grünauer Wassersportmuseum 42
Gründerzeitmuseum im Gutshaus
Mahlsdorf 69
Hamburger Bahnhof 93
Hanf Museum Berlin 86
Hauptmann von Köpenick
Ausstellung 53
Haus am Checkpoint Charlie 58
Haus am Kleistpark 125
Haus am Lützowplatz 144
Haus am Waldsee 166
Haus der Brandenburgischen-
Preussischen Geschichte 176
Haus der Geschichte 103, 117
Haus der Wannsee-Konferenz 155
Heimatmuseum Reinickendorf 121
Heimatmuseum Treptow 152
Heimatmuseum Zehlendorf 166
Heimatverein Steglitz 134
Heinrich-Zille-Museum 87
Historische Mühle im Park von
Sanssouci 176
Historischer Hafen Berlin 87
Hugenottenmuseum im
Französischen Dom 87
Humboldt-Box 88
Ibero-Amerikanisches Institut 145
Jan-Bouman-Haus 177
Jüdisches Museum Berlin 58

Jugendmuseum Schöneberg 126
Kaiser-Wilhelm-Gedächtnis Kirche
21
Käthe-Kollwitz-Museum 21
Keramik-Museum Berlin 22
Kesselhaus 66
Kindermuseum Labyrinth 160
KINDL - Zentrum für zeitgenössische
Kunst 108
Klingendes Museum 160
Knoblauchhaus 89
Königliche Porzellan Manufaktur 22
Körperwelten 90
Kulturamt Steglitz-Zehlendorf 135
Kulturforum am Potsdamer Platz 145
Kunstbibliothek am Kulturforum 146
Kunstgewerbemuseum am
Kulturforum 146
Kunstgewerbemuseum im Schloss
Köpenick 54
Kunsthalle Koidl 23
Kunsthaus Dahlem 28
Künstlerhaus Bethanien 59
Kunstraum Kreuzberg 60
Kunstverein 177
Kupferstichkabinett 147
KW Institute for Contemporary Art
88
Liebermann-Villa 156
Luftwaffenmuseum der Bundeswehr
40
MACHmit! Museum für Kinder 117
Madame Tussaud's Berlin 89
Märkisches Museum (Geschichte
Berlins) 90
Martin-Gropius-Bau 60
Me Collector's Room 100
Mendelssohn Remise 91
Menschenmuseum 90
Mies-van-der-Rohe-Haus 49
Militärhistorisches Museum 40
Mittemuseum 161
Mori-Ôgai-Gedenkstätte 92
Moschee 172
Museum Barberini 177

Museum Berggruen 23
Museum Charlottenburg-Wilmersdorf 24
Museum der Dinge 61
Museum der Illusionen 92
Museum der unerhörten Dinge 126
Museum Europäischer Kulturen 31
Museum für Asiatische Kunst 31
Museum für Film und Fernsehen 142
Museum für Fotografie/ Helmut Newton Stiftung 24
Museum für Gegenwart 93
Museum für Kommunikation Berlin 93
Museum für Naturkunde 94
Museum in der Kulturbrauerei 117
Museum Köpenick 54
Museum Lichtenberg 66
Museum Neukölln 108
Museumsdorf Düppel 167
Museumshaus 178
Museumsinsel 95
Musikinstrumenten-Museum 147
Naturkundemuseum 178
neue Gesellschaft für bildende Kunst 62
Neue Nationalgalerie 148
Neue Synagoge 80
Neues Museum 95
Nikolaikirche 96
Nineties Berlin 96
Nowaweser Weberstube 179
Olympisches Dorf 1936 169
Ottobock 97
Palais Populaire 97
Pankow Museum 1 115
Pankow Museum 2 (Standort Prenzlauer Berg) 118
Pankow Museum 3 118
Panorama 99
Pergamonmuseum 98, 99
Planetarium am Insulaner 134
Potsdam-Museum 179
Puppentheater-Museum 109

Ramones Museum Berlin 62
Reichstagskuppel 148
Rotkreuz-Museum 34
Russische Kolonie 180
Sammlung Boros 99
Sammlung Daimler 149
Sammlung Hoffmann 99
Sammlung Scharf-Gerstenberg 24
Schöneberg Museum 127
Schwartzsche Villa 135
Schwerbelastungskörper 127
Schwules Museum 149
Spectrum Science Center 63
Spionagemuseum 84
Sportmuseum Berlin 164
Spy Museum 84
St. Matthäus Kirche 150
St. Nikolai 180
Stasi-Gefängnis 48
Stasi-Museum 67
Stiftung Olbricht 100
Story of Berlin 25
Tchoban Stiftung 101
Tempelhof-Museum 139
The Kennedys 101
Tieranatomisches Theater 102
Topographie des Terrors 63
Trabi-Museum 64
Tränenpalast 103
Urania Planetarium 181
Verborgenes Museum 26
vergessene Künstler 26
Villa Oppenheim 24
Villa Schöningen 181
Wasserwerk Friedrichshagen 36
Werkbundarchiv 61
Winckelmann Institut 100
Zeiss-Großplanetarium 119
Zitadelle Spandau 130
Zuckermuseum 57
Zweirad-Museum 64